JN056435

自分が変わると周囲が変わる「内省型リーダーシップ」

【新解釈】
マネジメントの本

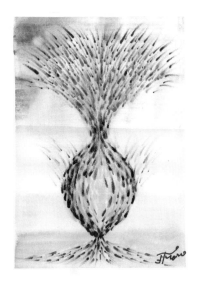

株式会社グローセンパートナー

代表取締役 **島森 俊央** 著

公益財団法人 日本生産性本部
生産性労働情報センター

はじめに

　この書籍は、経営やマネジメントに従事する方々、特にマネジャーとしての経験を持ち、その中で悩みを抱えている方々、またマネジメントに関する書籍をいくつか読んだうえで、より実践的に活用できるノウハウを求めている方々を対象に書きました。

　弊社は、人事制度のコンサルティングと役員・マネジャー向け研修を提供しています。最初は評価者研修からスタートし、徐々に評価制度運用の基礎となる方針策定・展開論、マネジメント論、コミュニケーション論などへとテーマを広げてきました。この過程で、気づきを深めるための「対話型研修」や、学んだことを実践する「実践型研修」を導入し、近年は成人発達理論を応用した「心の成長」を促進する研修も取り入れています。本書では、これらの研修内容や、受講者の声を紹介しながら、マネジャーの皆さんに掴んでほしい実践論をお伝えします。マネジメント論という概念論に留まらず、受講者との対話や、受講者の実践体験を織り交ぜた実践的なマネジメント論を紹介しますが、これは現場での問題解決に役立つノウハウの集大成でもあります。我々の知見とノウハウを惜しみなくお伝えし、読者の皆さんに「なるほど」と思って、活用していただけることを楽しみにしております。

　また、本書の特徴として、近代合理主義のマネジメント論からの脱却を図ったことが挙げられます。近代合理主義では、経営者・マネジャー（主体）が正しく、従業員・部下（客体）は管理や指導がなければ適切な行動

をしない存在として扱われてきました。しかし、VUCA[1]の時代に入り、必ずしも経営者・マネジャーが正しいとは限らなくなりました。

　また、我々は成人発達理論を通じて、経営者・マネジャーが自分の「正しさ」を主張する傾向があることを理解しました。経営者・マネジャーが自分の「正しさ」を主張すると、従業員・部下は自分たちが「間違っている」と受け入れざるを得ません。それでは、従業員・部下の制約感・挫折感・息苦しさを生み出す可能性があります。本書は「内省型リーダーシップ」という概念を用いて、経営者・マネジャー自身も、自分の「正しさ」に固執することなく変容できる存在として説明しています。従業員・部下を上司が管理・指導する存在から解放して、真のパフォーマンスが発揮できるよう促してもらいたいと考えています。

　ここで、本書の概要を理解するために、我々の研修における3つの特徴を紹介します。

　1つ目は、「対話型研修」を取り入れていることです。対話型研修の場では、講師が伝える概念論を、受講者同士の対話を通じて、自分たちが実行に移せる具体論に落とし込みます。具体的には、情報のインプットの後に、個人演習で自分が捉えたことを言語化し、グループでお互いの捉え方の交換を行い、さまざまな視点を獲得できるように支援します。この対話のプロセスを通じて得られた受講者の声を書籍に盛り込みました。

　2つ目は、成人発達理論を応用した「心の成長」の概念を取り入れていることです。成人発達理論は「私たちの知性や能力が一生をかけて成長を遂げていく」という視点から、人間の発達プロセスやメカニズムを探求する学問です。ハーバード大学教育大学院教授ロバート・キーガン氏の著書

1　VUCAとは、「Volatility（変動性）」「Uncertainty（不確実性）」「Complexity（複雑性）」「Ambiguity（曖昧性）」の頭文字を取ったもので、造語です。社会あるいはビジネスにおいて、不確実性が高く、複雑性も増しており、将来の予測が困難な状況であることを示します。

などが和訳されていて、日本では、鈴木規夫氏や加藤洋平氏が、成人発達理論を伝え広めています。我々は、鈴木・加藤両氏からアドバイスを受けながら、成人発達理論を応用した研修を開発してきました。私たちは、能力と心の両面からの育成が最も効果的であると考えており、本書では心の成長を促進する研修のノウハウと知見を共有します。

　３つ目は、コロナ禍を機に研修プログラムを大幅に見直し、「実践型研修」に形態を変えたことです。これにより、新たに多くの体験談を集めることができました。
　コロナ前は、１日または１泊２日の研修が一般的でしたが、研修のオンライン化に伴い研修形態が変化しました。新しい研修プログラムでは、１日の研修を３～４つのテーマに分解して、１回あたりの研修時間を短縮しました。研修の構成は、事前の動画学習、２～３時間のスキル習得を中心とした演習、そして事後課題によるスキルの実践と共有という流れにしました。本書では、この新しい研修形態から得られた受講者の実践の声も紹介しています。

　これからお伝えする内容は、企業のニーズと研修の受講者であるマネジャーのニーズに基づいて開発してきた、マネジメント・コミュニケーションを円滑に図るためのノウハウです。研修を通じたトライ＆エラーから得られた知見の結集です。
　本書の各章では、クライアント企業が抱えている問題、その解決方法、研修で伝えているノウハウ・ツール、効果について、以下の流れで解説を加えていきます。

■現場が抱える課題■
　経営者や人事担当者から挙がるマネジャーの課題

■課題が発生する真因■
　　マネジャーがそのような行動や振る舞いをする真因
■研修で伝えていること■
　　研修で伝えている要点や演習
■受講者の声■
　　研修受講者からの事後課題の実践に関する声
■内省型リーダーシップを発揮するための実践ガイド■
　　課題を解決するための実践方法

　また、本書に記載されているシートは、弊社ホームページ（以下、HP）からダウンロード可能です。これらのシートをマネジメントの場で活用していただければ幸いです。

　我々の最終的な願いは、従来の重苦しい理論に基づくリーダーシップから脱却し、より軽やかで自由なリーダーシップを目指すことです。これにより、従業員や部下だけでなく、経営者やマネジャー自身も楽になり、マネジメントが楽しくなることを願っています。また、「忙しさからの解放」と称する仕事量削減のノウハウも記載しており、ゆとりを持ったリーダーシップを発揮していただくことを願っております。

2024年6月

　　　　　　　　　　　　　　　株式会社グローセンパートナー
　　　　　　　　　　　　　　　代表取締役　島森　俊央

目　　次

第8章　心理的安全性とリーダーシップ

あとがき

第1章

マネジャーの役割とは

1-1 マネジャーに求められる役割とは

■現場が抱える課題■

　マネジメント研修を設計する際は、お客様の担当者に、マネジャー層に関する課題を必ずお尋ねします。すると、おおよそ3つの課題に集約されます（図表1-1-1参照）。1つ目の課題は、マネジャーの役割認識不足です。その他の課題は、能力の成長不足・心の成長不足に分類されます。

【図表1-1-1　マネジャーに関する一般的な課題】

切り口	問題
役割認識	・企業規模の拡大や合併により、マネジャーの役割が社内で明確になっていない ・全社統一されたマネジメントの型がなく、部門によってマネジメントレベルに差がある ・新任・次世代マネジャーにマネジャーの役割を伝えられていない
能力の成長 （スキル・知識の習得）	・マネジメントサイクルが定着していない ・独自のコミュニケーションスタイルで部下と接している ・人材育成手法が確立されていない
心の成長 （無自覚な反応行動の軽減）	・プレイヤーの時間が多く、マネジャーとしての時間を確保できていない ・部下をコントロールしがちで、部下が主体性を発揮できない ・正論を主張するため、部下のモチベーションが下がっている

　この節では役割認識について解説しますが、能力の成長・心の成長は、我々が整理している分類のため、先に説明を加えます。

　能力の成長とは、スキルや知識を獲得して、現場でパフォーマンスを上げることを指します。例えば、マネジメントサイクルを定着させたい、部下とのコミュニケーションスキルを上げたいというような課題を解決できます。

　心の成長とは、無自覚な問題行動を軽減することで、周囲に悪影響を与える行動を減らすことを指します。例えば、忙しくてマネジャー業務に時

間を割けない、部下をコントロールしがちで主体性発揮を阻害しているなどの問題を解決できます。心の成長は、成人発達理論を応用した概念であるため、第2章で詳しく解説します。

　マネジャーの役割認識不足は、企業が急成長して中途採用のマネジャーが多いことや、企業が合併を繰り返したことにより、組織としてマネジメントの型が統一されていないことが起点になっているケースが多いです。ロールモデルとなる上司に巡り合うことがないため、マネジャーがそれぞれ独自のスタイルでマネジメントを行っており、マネジャー自身も具体的なマネジャー像のイメージを持てずに困っていることが多いという状況です。

■課題が発生する真因■

> **役割認識が進まないのは、マネジャーの役割を自分の言葉で咀嚼しきれていないから。**

　マネジメントに関する書籍はあふれていますし、YouTubeなどでもマネジメント論を気軽に学べる時代になりました。また、マネジャーの役割を定義するもの（等級基準や行動評価基準など）は各企業で規定されているはずです。しかし、経営者や教育担当者は、現場のマネジャーが自身の役割を適切に認識できていないことに悩んでいます。

　マネジャーの役割定義などを示しても、読み手が軽く目を通しただけでは、言葉が頭をかすめるだけです。役割をしっかり認識してもらうためには、頭に刻み込むプロセスが必要です。そのためには、自分で解釈した役割を、自分の言葉で表現してみることが大切です。さらに、他者との対話を通じて自分の役割認識について捉え方の交換をすると、役割認識に幅や深みを持たせることができます。

■研修で伝えていること■

　マネジャーの役割定義などを自分たちの言葉で表現する作業には、ワールド・カフェ[2]がおすすめです（図表１-１-２の左側参照）。本書では、ワールド・カフェの概要や進め方の解説は省略し、マネジャーの役割認識が促進される３つの問いを紹介します。

> １つ目の問い：憧れのマネジャーの行動は？反面教師にしたいマネジャーの行動は？
> ２つ目の問い：マネジャーの役割定義を読み込んで、当社として大切にしたいマネジメント行動は？
> ３つ目の問い：現場で、マネジャーとして新たに増やしたい行動、今後減らしたい行動は？

　上記のような問いを言語化し、模造紙に書きながら、捉え方の交換をすることによって、具体的なマネジメント行動が脳裏に刻み込まれていきます。

　問いの作成方法について解説します。

　１つ目の問いには、ぜひ「憧れ」という表現を入れてみてください。「憧れ」は、理想の対象として自分の資質を活かしつつ、自分が望んでいる姿です。「憧れ」を言語化することは、とても大切なプロセスです。

　２つ目の問いでは、マネジャーの役割定義などを、一度じっくり読み込む時間を持てるような問いかけにしてください。役割定義などの資料が手元にあるように準備しておきましょう。

　３つ目の問いは、自分ごととして捉えられるような問いにするとよいで

2　ワールド・カフェとは、４〜６人単位の小グループでメンバーの組み合わせを変えながら話し合いを続けることにより、あたかも参加者全員が話し合っているような効果が得られる対話の手法です。知識や考えの共有を喫煙コーナーやカフェにいるようなリラックスした状態で行うことができ、相互理解が進むため、職場の人間関係の質を高めることに役立ちます。

しょう。できれば、増やしたい行動と減らしたい行動という切り口で考えてもらうと具体化できるでしょう。

　さらに、ワールド・カフェのアウトプットを参考に、これまでの自分（Before）とこれからの自分（After）を整理します（図表1-1-2の右側参照）。すると、どのように行動を変えるとよいかを、より具体的かつ端的に整理できます。

　マネジメントに関する書籍に書いている内容や、研修で伝える内容は、あくまでも概念論です。概念論を対話という手段を活用して、自分が行動できるように具体的に落とし込むことが必要です。図表1-1-2を参照いただくと、「意見を押し付けない」「効率的に稼ぐ」などわかりやすく、受け取りやすい表現にかみ砕かれていることがわかります。

　そして、Before⇔Afterには、「コミュニケーションの時間を増やす」「プレイヤーの時間を減らす」など、必ず時間の使い方の概念が表現されます。時間の使い方の変化を表現できるということは、マネジャーそれぞれの役割認識が進んだということです。

【図表1-1-2　役割認識の促進に役立つワールド・カフェの一例】

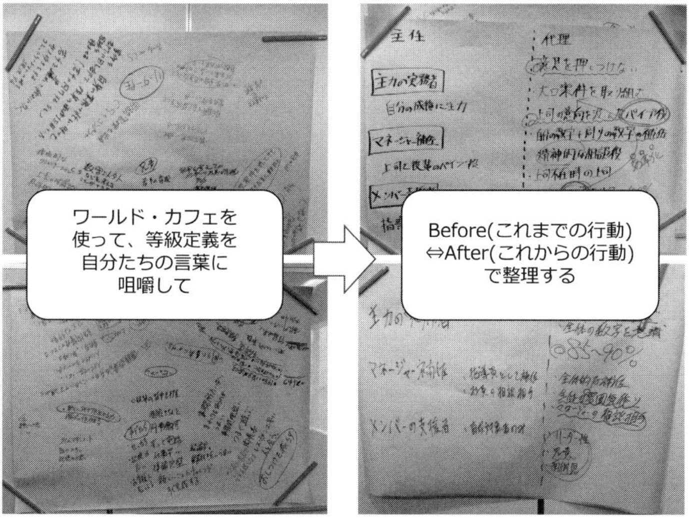

ワールド・カフェを
使って、等級定義を
自分たちの言葉に
咀嚼して

Before(これまでの行動)
⇔After(これからの行動)
で整理する

> プレイヤーの時間、将来を創る時間、他者との関わりの時間を、
> 計画的に時間配分する。

　マネジャーの役割を言語化すると、ほとんどの場合、プレイヤーの時間を減らして、将来に向けての課題解決や、部下と関わる時間を増やすという結論に至ります。

　マネジャーは忙しすぎてプレイヤー業務に没頭しがちですが、視座を高めて図表1-1-3の4象限のどの領域の仕事をしているのかを意識しながら、限られた時間を配分することが大切です。「忙しい、忙しい」と発言しているのは時間配分を意識できていないマネジャーの典型で、優秀なマネジャーは、プレイヤーの時間を削減して、将来を構想する時間（手を動かさない時間）、部下とのコミュニケーションの時間（手を動かさない時間）を増やすことを意識しています。

　マネジャーは、自分の稼働率（プレイヤー業務や会議・1on1ミーティングの時間など）を80～90％ぐらいに抑制して、ゆとりある時間を過ごせるように、仕事のやり方を変える必要があります。効率的に仕事を進めたり、自分の仕事を誰かに任せたり、自分がこだわっている部分の仕事を簡素化したりして、自分の時間を確保してください。ゆとりを作って、部下の相談にすぐ乗れるようなスマートなマネジャーを目指しましょう。

　研修では、最後に図表1-1-3を活用し、将来⇔現在、他者⇔自分の4象限で、現在はどのような時間配分で（左の数字）、研修後は時間配分をどのように変えるか（右の数字）をシミュレーションします。一番のポイントは、現在×自分の時間、つまりプレイヤーの時間をどれだけ減らす必要があるのかを数字で認識し、その時間相当の「やめる仕事」「やり方を変える仕事」「部下に任せる仕事」を意思決定してもらう点です。

【図表1-1-3　優秀なマネジャーに必要な時間配分の意識】

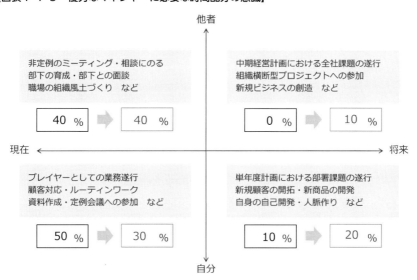

将来を構想する時間、部下とのコミュニケーションの時間を増やすためには、自分の仕事を減らすスキル習得が最優先課題になると考えています。プレイヤー部分に執着するマネジメントスタイルから早めに卒業してほしいと思っています。

しかし、「部下が育っていない」「部下も忙しそう」「自分が売り上げを作る必要がある」などいろいろな言い訳をしてしまう正当化の罠があります。これが、心のブレーキの正体です。この声への向き合い方・解消方法は、第2章で紹介します。

ここからは、マネジャーとしての役割を全うするために、特に必要な「自分の仕事を減らすスキル」「ありたい姿を示すスキル」「人材育成に必要な視点」について解説します。

1−2　自分の仕事を減らすスキルを身につける

■現場が抱える課題■

　現場のマネジャーが疲弊しているという声をよく聞きます。マネジャーは以下のような業務を抱えているため、相当優秀でない限り、マネジャーの役割を全うすることは難しいと感じています。

・マネジャーといえども、プレイヤー業務を抱えている。
・会社や部門のビジョン遂行などの将来に向けた業務を抱えている。
・突発的なトラブルやクレーム処理に対応している。
・会議やメールの対応に追われている。特に、参加しなければならない会議が多い。
・部下のサポート業務（勤怠管理や目標管理の運営、人材育成など）を抱えている。
・上司から、報告資料や会議のための資料を求められる。
・コンプライアンス遵守やリスク管理業務に追われている。
・残業時間削減のあおりを受けて、部下の仕事まで請け負っている。
・マネジャー自身の自己啓発やトレーニングの時間も求められる。

　こうしてマネジャーの役割を列挙してみると、すべての役割を全うしようとすると疲弊して当たり前だと感じます。長時間労働かつ、高ストレスにさらされて、時間がないと動き回っているマネジャーに、精神的・肉体的なダメージが蓄積されていくことは簡単に想像できます。行き詰まってくると、自分の感覚や感情に蓋をしながら仕事をするため、自分が疲弊していることにも気づけなくなっていきます。このような状況になると、周囲とのコミュニケーションが反応的になってしまったり、結論を急ぐことが増えたりします。

　忙しさにまみれているマネジャーは、表面的、かつ反応的に業務をこなすことで、その場をしのぎがちです。「部下の話をしっかり聴きましょう」「将来を構想しましょう」と言われても、そこに時間を割く心の余裕がないと思います。では、優秀なマネジャーは何をしているのでしょうか？

■**課題が発生する真因**■

> **マネジメントがうまくいかない人は、仕事を減らすことが苦手である。**

　仕事を減らす大切さについて研修で伝えているのは、以下のような出来事があったからです。

　とある自動車部品メーカーのコンサルティングをしていたときに、社長から「登用した部長クラスが、どんどん疲弊していく。中にはメンタルダウンしそうな人もいるので、原因を調査してほしい」と依頼され、部長・課長クラスの20名ほどにインタビューしたことがありました。

　社長が変わったばかりで、新たな戦略的方針を掲げて、スピード感をもって戦略の遂行を進めていました。その矢先、部長クラスがどんどんつぶれかけていったのです。

　インタビューの結果、以下のようなことが原因だとわかりました。

> ・言われたこと、課されたテーマをすべてやろうとしている。
> ・既存の仕事を抱えたまま、新しいことをやろうとしている。
> ・処理できる仕事量を超えて、やるべきことが増加し、身体が休まらず、メンタルが疲弊している。

　わかりやすく言うと、全部しっかりやろうとした結果が招いた疲弊でした。やるべきことを増やすと同時に、やめるべきことを決める大切さも感じた瞬間でした。仕事を減らすスキルは、自分の身体を守るためにも必須

のスキルだと考えています。

■**研修で伝えていること**■

研修では、やめる仕事や任せる仕事を抽出していますが、多くの受講者は「やめる仕事が見つけられない」と言います。これは裏を返すと、仕事の優先順位を決める尺度を持っていないか、意思決定力が低い可能性があります。

優先順位を決める尺度を持っていないことには、以下のような理由が挙げられます。

- ・マネジャー自身が方針やありたい姿など判断のよりどころを持ち合わせていない。
- ・上司が優先順位づけに関する情報を提供していないため、マネジャーが迷子になっている。
- ・会社として、優先順位づけして仕事を進める文化がない。

会社や職場によって理由はさまざまであるにしろ、よく考えると、誰かがどこかで仕事の削減をしているはずです。会社は方針を使って、新しい何かをすることを要求してきます。スタッフ部門からも、新しい何かをすることを要求されます。会社はやることがどんどん増えるはずなのに、労働時間は削減されています。表面化はしないものの、誰かがこっそり仕事の削減を進めているのです。その誰かを、マネジャー本人がやればよいのです。

意思決定が鈍るのは、やめたときに「トラブルが起きそう」「自分の評価が下がりそう」「部下からの信頼を失いそう」などの妄想が生じるからです。この妄想は本当に実現するかわからないため、実行して検証することが大切だと伝えています。

まずは、自分の仕事を減らせないのは妄想が原因ではないかと気づき、

仕事を減らすことを実践してくださったマネジャーの声をお届けします。

■受講者の声■

　研修で企画したやめる仕事を、職場で実践するという事後課題を出しています。実践した感想は以下のとおりです。

・仕事上のトラブルについて、今までは自分が手を出していたことを部下に任せました。任せることが怖い面もありましたが、それが妄想だとわかりました。自分としても、別の仕事に時間を使うことができました。

・任せたことによる、部下の自主性を誇らしく思えました。（気のせいかもしれませんが）イキイキ仕事をしているように見えました。任せることの心地よさを感じるとともに、少し寂しさも感じました。

・自分が安心感を得たいがために「これもやっておいた方が良い」と行動をしていました。あえて仕事を明日に繰り越すことで、自分の中に「心配の気持ち」が現れますが「明日やることは今日やらない」を信条にパソコンをシャットダウンしています。今のところ問題は起きていないので、心配ごとはただの妄想なのでしょうね。

・部下に相談してみると、「マネジャーが実施している事務処理を部下で分担する」「マネジャーが課員を信じてチェック作業を手放す」などの意見が出ました。逆に「時間を空けてもらい、方針を実践するための相談時間を捻出してほしい」という意見がありました。しばらくすると、部下が私の作業を積極的に取りに来ました。「この打合せは私（部下）で実施できますので、マネジャーの参加は不要です」といった感じです。

　不安や心配が妄想だと気づき、部下に任せることで、部下の自主性が増

し、マネジャー自身も楽になるというのが真理なのです。

■内省型リーダーシップを発揮するための実践ガイド■

> 仕事を減らすことに、妄想という心のブレーキがかかっていることを見破り、勇気をもって仕事を減らす。

　仕事が減らせないのは、減らすことによって起きる妄想を想定しているからです。妄想であることに気づくのは難しいため、まずは思い切ってやめてみることがおすすめです。やめたときに、妄想だと判明します。やめて不都合なことが起きたら、再度実行すれば良いだけなのです。

　疲弊が続くと「忙しすぎて改善する時間がない」「仕事を減らすことを考える時間がない」「部下も忙しいため仕事を任せられない」という思考になり、負荷を軽減できない悪循環に陥ります。結果的に、将来に向けた戦略の実行や人材育成が後回しになり、会社も部下も不幸になってしまいます。忙しさの悪循環から脱出するために、妄想のからくりに気づいて、行動するしかありません。

　もし、「会社は戦略的課題の優先順位づけができていない」「上司の方針があいまい」など自分の中から他責化する声が出てきたら、自分に軸を向けてみてください。将来的には、優先順位をつけることや、選択と集中の意思決定を求められることも増えるでしょう。その練習だと思って、勇気を持ってやめる練習をしてみてください。

　それが、スマートなマネジャーになるための一歩であり、自分のメンタルも守れるマネジャーになるための必須条件です。

1－3　部署のありたい姿を示す

■現場が抱える課題■

　マネジャーが火消し型の問題解決に終始して、職場の状況が改善されないという悩みをよく聞きます。火消し型の問題解決ばかりを行うことによって表面化する問題は、職場の業務レベル向上や人材育成が進まないこと、そして、マネジャーもその部署の部下も、忙しい・慌ただしい状況を打破できないことです。これでは、マネジャーが自分の役割を理解していたとしても、なかなか実行に移せません。

　まず、火消し型の問題解決と設定型の課題解決の違いの話をします（図表1-3-1参照）。火消し型問題解決の焦点は現在で、許容値を超えて発生した問題に対して、元の状態に復帰するための問題解決手法である一方、設定型課題解決の焦点は半年〜1年先で、ありたい姿を設定することにより、現状とのギャップから生まれる課題を解決する手法だと解説しています。しかし、この概念を理解したからといって、すぐにマネジャーの思考が火消し型問題解決から設定型課題解決に変化するわけではありません。では、どうして火消し型問題解決に終始してしまうのでしょうか？

【図表1-3-1　火消し型問題解決と設定型課題解決の違い】

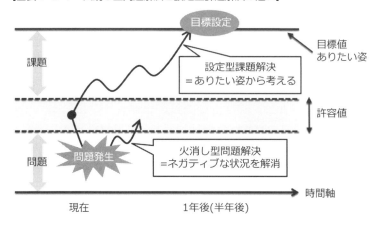

　研修では、ありたい姿を描き、それを実現するためにPDCAサイクルを回すことをお伝えしますが、ありたい姿を描く演習の際、手が止まるマネジャーが3～5割程度います。このことからありたい姿の概念が薄いマネジャーがいるのではと推察していました。

■課題が発生する真因■

> 火消し型の問題解決に終始するのは、ありたい姿という概念（将来の概念）が構築されていないから。

　ありたい姿を描くときに手が止まる現象については、成人発達理論を学び理解が進みました。成人発達理論によると、発達段階が上がるごとにさまざまな視点を獲得できるのですが、ありたい姿（将来の概念）は、ある一定の発達段階にならないと、鮮明に描けないことがわかっています。

　1つの着眼として、発達段階が上がるというのは、考慮できる視点の数が増えていくことだと表現されています。例えば、2人称から3人称の視点に変化することで、考慮できる対象や要素が増えて、意思決定の質が向上するイメージです。

　ありたい姿は、会社を取り巻く経営環境、会社が出している方針、他部門との関係性、職場メンバーの人間関係、職場メンバーの成長度合い、職場のチーム力、自身のマネジメント力など多岐にわたる視点を考慮しないといけません。また、過去・現在・将来を俯瞰しながら、到達可能なありたい姿や、部下が納得しやすい表現なども考慮する必要があります。つまり、いくつもの点と点をつなぎ合わせて、さらに時間軸も考慮し、幾度となく頭でシミュレーションして、最適値を導くような能力が求められます。

　成人発達理論は、1つの段階を5〜10年かけて、じっくりと階段を上っていくイメージを持つ理論です。加えて、発達段階は本人の成長スピードに合わせて進みますし、外部環境・機会やサポートなども複合的に起因します。そのため、1回の研修でいきなり発達段階が向上することは想定していません。しかし、ありたい姿の概念を定着させないと、火消し型の問題解決しかできず、方針の策定やPDCAサイクルの定着もままならないため、研修では短期でありたい姿の概念をつかめるように試行錯誤してきました。

■研修で伝えていること■

　ありたい姿の概念をつかむために、①ありたい姿の定義づけ　②火消し型問題解決と設定型課題解決の解決策の違いを理解する　③ありたい姿を明確にすると解決策が少なくなるというメリットがある　④ありたい姿は多視点で考えることを理解する　という流れで説明しています。

　はじめにありたい姿の定義づけについて解説します。ありたい姿が描けない人は、やること（＝実行策）とありたい姿を混同しています。加えて、ありたい姿が抽象的・一般的な表現になっている場合が多いため、まずはその事例を紹介します。

《ありたい姿がやることになっている例》
・○○システムを構築する。
・○○の開発を進める。
・○○ツールを使って営業強化を図る。

《ありたい姿が抽象的になっている例》
・先が見えない時代だからこそ環境変化に対応していく。
・DXを推進してV字回復を進める。
・多様性を理解した人材育成を進める。

　ありたい姿の概念が構築されていないマネジャーに、ありたい姿の概念
を伝えることは難易度が高いです。そのため、研修ではありたい姿をさま
ざまな表現で伝えています。以下のように、ありたい姿の定義と、ありた
い姿の言い換えを示し、受講者の言葉でありたい姿の解釈を交換しあい、
ありたい姿とは何かの解像度を上げていきます。

ありたい姿の定義：ある期日において、できている状態を示す。

ありたい姿を言い換えると：
・具体性を持っており、鮮明に将来がイメージできている状態
・現状がしっかり把握され、いくつかの視点の整合性が取れている状態
・概念的ではなく、自組織や自分のことにあてはめて描かれている状態
・成り行きではなく、自ら行動して理想の将来を創ろうとしている状態
・現在と将来の違いがはっきりしている状態
・ありたい状態が見えることで、逆算してスケジュールが見えるもの
・ありたい状態が見えることで、議論が進み、やることがはっきりす
　るもの

　続いて、火消し型問題解決と設定型課題解決の解決策の違いを理解するために、図表1-3-2のようなワークを実施しています。この演習では、同じ問題点から出発して、問題点から解決策を考える場合（火消し型問題解決）と、ありたい姿を考えてから解決策を考える場合（設定型課題解決）とでは、異なる解決策が出てくることを理解し、ありたい姿を描くことの大切さが腑に落ちるように工夫しています。

【図表1-3-2　火消し型問題解決と設定型課題解決の解決策の違い】

	問題点	ありたい姿	解決策
火消し型 問題解決	例) 若手社員に意見を求めても発言がない		例) 若手社員を交えた飲み会 を実施
設定型 課題解決	 という現状	例) 会議でどんどん発言してもらう という理想の状態	例) 事前にテーマを伝え、発言内容を考えてきてもらうこと を実施

　3点目は、ありたい姿を考えることで、解決策が少なくなるというメリットを伝えています。図表1-3-3にあるように、火消し型問題解決は、1つの問題に対して1つの解決策を考えます。一方で設定型課題解決は、いくつかの問題に対してそれらを解決できるありたい姿を考えてから解決策を考えていくため、解決策が少なくてすみます。

【図表1-3-3 いくつかの問題を統合して解決する】

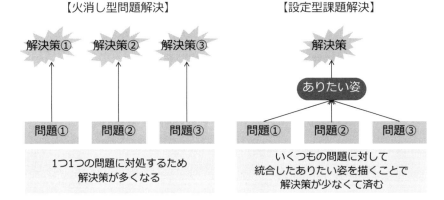

最後に、ありたい姿を描くためには多視点で考えることを解説します。本来、以下のような視点で思いをめぐらせてほしいのですが、いきなり多視点を考慮するのは難しいため、問題点の多視点統合という簡易的な考え方をお伝えしています。

《ありたい姿を描くための視点例》
・職場のメンバーの立場で考えること
・経営者の立場で考えること、他部門の立場で考えること
・環境や社会で起こっていることも考慮すること
・お客様の立場で考えること
・競合他社の視点で自社を考えること（自社の強み・弱みの客観視）
・ステークホルダー（株主・銀行・取引先・親会社など）の視点で自社を考えること
・将来の視点で考えること
・過去の視点で考えること（過去からの慣習や成功・失敗体験）
・自分の内面の動きも捉えること

　問題点の多視点統合ワークでは、図表1-3-4のようなワークシートを提供しています。ある問題を多視点の問題に分解して、それぞれのありたい姿を考えてから、ありたい姿の統合を図り、その後解決策を考えるという流れで演習を実施しています。

　例えば、若手に意見を求めても発言が少ないという問題に対して、職場風土の視点、若者の傾向の視点、会議の進め方の視点、業務の特徴の視点などに問題を分解して、視点ごとにありたい姿を描き、それらを統合するありたい姿を考えてもらいます。

【図表1-3-4　ありたい姿を描くワークシート】

ありたい姿を描く	Step4）ありたい姿(多視点の統合)
	経営層から管理職層への数字プレッシャーが軽減されるような働きかけからスタートして、若手と管理職が気軽に雑談できる環境が浸透している　という状態

Step3）多視点分解したありたい姿を考える

組織の心理的安全性の必要性を経営層にも共有して、管理職もプレッシャーが少しでも軽減している	積極的とはいかずとも、気軽に上司に声をかけることができる	会議でアイデア出しの時間を確保して、意見を否定しない安全な会議が運用されている	正確さ・ミスなくなどは継続して遵守する

Step1）問題の出発点	Step2）問題の多視点分解			
現状の問題は 若手に意見を求めても発言が少ない　という現状	**組織風土** の視点 上司・先輩がバタバタしているので、若手が聞きづらい。上司もプレッシャーの中仕事をしている　という現状	**若者の傾向** の視点 聞けば答えるが、自分から積極的に話そうとしない　という現状	**会議の進め方** の視点 上司や一部の人しか話す機会がなく、多くの人は意見を言えていない　という現状	**業務の特徴** の視点 生産部門が主体ということもあり、正確さ・ミスなくなどが求められやすい　という現状

［参考］上記のデータはグローセンパートナーのHPからダウンロードが可能です

■**受講者の声**■

　研修でありたい姿を描いたものを、職場で部下と共有する事後課題を出しています。事後課題を実践した感想は以下のとおりです。

・ありたい姿を描くまでに時間がかかりましたが、ありたい姿を描いたことで、やることが整理されました。周囲にシェアしたことで、ありたい姿がより洗練され具体的になりました。会議ではさまざまな意見が出て、珍しく活発な会議になり驚きました。上司含めメンバーが前向き・協力的になってきたように感じました。
・部下へありたい姿の話をしました。部下から、ありたい姿に到達するにあたっての課題や、部下自身の行動計画が自然と出てきました。正直、このような意見が出るとは思っていませんでした。ありたい姿を共有すると、部下が自発的に発言することが体験できました。
・所属している部署の業務は完全に火消し型の進め方になっていました。業務量も多く、対応しなければならない分野が多岐に及ぶため、どうしても後手後手の対応になっていました。これまで、ありたい姿をイメージする余裕すらありませんでしたが、部下と話しながら、今後どうしていくべきかを考えることができました。

　多くの場合、ありたい姿を共有すると、部下の自主的な発言や行動が増えるというメリットが生まれます。

■内省型リーダーシップを発揮するための実践ガイド■

> 部署のありたい姿について部下と語り合ったり、部下から質問したりしてもらう。

　ありたい姿を職場で共有すると、部下が主体的に意見を述べたり、自律的に行動したりするようになったという声が多くあがります。マネジャーの情報発信不足で、部下もどう動いたら良いのかわからず迷子になっていたのかもしれません。マネジャーからありたい姿という光を見せてもらえることで、もともと兼ね備えていた発言力や行動力に火がついたのだと思い

ます。

　ありたい姿の共有は、火消し型に終始している職場が、一変してありたい姿に向かって進むチームに変わるくらい、かなりパワフルな起爆剤だと考えています。しかし、ありたい姿を描けるまでには、ある程度の修練が必要で、しばらくの間は、ありたい姿を描く力があるマネジャーと語り合ったり、職場のメンバーと一緒にありたい姿を語ったりするという時間を意識的に持つ必要があります。加えて、ありたい姿を描けている人は、多くの視点（対象・要素）の現状を把握しています。このことから、三現主義[3]で現場を確認する時間も大切だと考えています。

1－4　人材育成は個別理解がカギ

■現場が抱える課題■

　現場のマネジャーから「部下が自律的に動いてくれない」「若手とどうコミュニケーションをとったら良いかわからない」という声をよく聞きます。

　私はこれらの声を「自分の都合が良いように、部下が自律的に動いてくれない」「自分の言いたいことを受け取ってもらえる、若手とのコミュニケーション方法を教えてほしい」という心の声だと解釈しています。

　このお悩みの根底にあるのは、自分の都合が良いように部下を動かしたいという欲求かもしれません。部下を道具のように動かしたいのかもしれませんが、その前提では部下は動いてくれません。では、どのようにすると部下は動いてくれるでしょうか？

3　三現主義とは、机上の空論ではなく、実際に「現場」に出向き、「現物」を観察したり触れたりして、「現実」を認識した上で問題解決を図るという考え方のことです。

■課題が発生する真因■

> 自分が正しいという前提の上司都合で部下を動かそうとしているから。

　少し話が大きくなりますが、マネジメントの観点において、近代合理主義の限界がきているのだと思っています。

　近代合理主義の特徴の１つに「主体と客体を分離して分析する」という考え方があります。近代のマネジメント論には、経営者やマネジャー（主体）が正しく、不完全な従業員・部下（客体）をコントロールするといった考え方や、不完全な従業員・部下（客体）に成長をもたらし、適切に機能させるという考えが前提にあります。

　つまり、自分（主体）が正しく、従業員・部下（客体）は間違っているという考えが前提にあるということです。部下の立場で考えると、「お前が間違っているのだから、行動を変えろ！」と言われて、抵抗感や諦めが生まれても仕方がないように思います。それでは、部下は真の主体性発揮ができなくなります。

　近代合理主義の限界は、VUCAの時代に入り、環境変化が激しく・複雑になり、問題の因果関係が見えにくくなったことに起因しています。コントロール型のマネジメントで、会社の業績が安定していた時代とは異なり、必ずしも経営者・マネジャーが最新の情報を持ち、適切な意思決定ができる時代ではなくなりました。

　今の時代に求められるのは、自分が正しくないかもしれないという前提に立ったリーダーシップなのです。主体の客体化ができる視点、つまり、主体と客体を分離しない考え方が大切なのです。

■研修で伝えていること■

　研修では、マネジャーにとって大切な考え方は、①自分が思っている正しさは固有のものであること　②部下を動かすためには個別理解が必要で

あること　だとお伝えしています。

　まず、自分が思っている正しさは固有のものであることを理解してもらう仕掛けについて解説します。

　研修では、「いぬをかいてください」という演習を行っています。「いぬをかいてください」という問いに対して、「犬の字」を書く人が20％程度、「犬の絵」を描く人が80％程度います。以下のようなユニークな回答をする受講者もいます（図表1-4-1参照）。右の図は、犬の絵を描きながら、犬の漢字を書いています。相当なセンスの持ち主です。

【図表1-4-1　「いぬをかいてください」のアウトプット例】

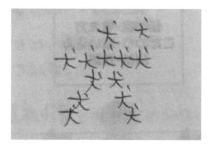

　一方で、iPhoneのSiriに向かって、「いぬをかいてください」と問いかけると、何度問いかけても「すみませんが、それはできません」と同じ言葉を返します。コンピュータは問いかけが同じであれば同じ返答をしますが、人の場合は同じ問いかけをしても、その人固有の捉え方が存在するため、返答が異なります。

　人は独自の思考フィルターを通して、物ごとを認識します。会社から方針を伝えられても、マネジャーから指示を受けても、この独自の思考フィルターで認識するため、部下はマネジャーの意図とは異なる行動を選択することがあります。同様に、他人の行動を観察しても、独自の思考フィルターを通せば、異なる評価結果になりうると解説しています（図表1-4-

2参照)。

【図表1-4-2　独自の思考フィルターによって発生する捉え方の違い】

インプット	捉え方	アウトプット

捉え方
価値観・考え方
こだわり・思い込み
経験・知識

方針・指示・命令
他人の言動

異なる解釈
異なる考え・行動
異なる評価・判断

　この捉え方の違いが、コミュニケーションの難しさを生んでいます。この捉え方には、価値観・考え方・こだわり・思い込みなどのほかに、自我（エゴ）も影響します。自我とは、本当の自分の意図とは異なる偽りの自分であり、自分を守る生存本能だと定義しています。

　自我の存在について少し解説をします。「いぬをかいてください」という問いかけについて、絵を描く人の多くは、すぐに手を動かし始めます。一方で、字を書く人は、少し考えてから「犬」という字を書きます。これは推測ですが「いぬをかいてください」と依頼されたときに、人は直感的に絵を描くことを求められていると受け止めるのだと思います。しかし「下手な犬の絵を書いて、バカにされたらどうしよう」という自我のささやきによって、絵を書くことを回避し、字を書くことを選択する人がいるように感じています。

　つまり、人は適切な認識をしていても、自我のささやきにより、本来の意図とは異なる行動を取る可能性があることを理解しておくことが大切です。また、この自我には「自分は正しくなければならない」という正当性が働くため、自分は正しいことを常に選択していると思い込む人が増えて

いきます。

　これを応用すると、日常業務でマネジャーが正しいと評価・判断していることは、その人固有の評価・判断だといえるでしょう。部下の行動を観察して、部下の弱みだと感じることや、変えてほしいと思う行動も、その人固有の解釈です。もしかしたら、部下の弱みの克服を進めることは、強みを失うことにつながるかもしれません。上司都合の部下への指示も、部下の抵抗感や妥協を生む可能性があります。そのため、上司都合の人材育成は避けるべきだと伝えています。

　続いて、部下を動かすための個別理解について触れていきます。上司都合ではなく、部下都合で動けるようにするためには、部下の個別理解が必要です。個別理解とは、部下の多様性を理解して、部下の性格・力量・モチベーションが上がるポイントなどを把握していることをいいます。

　マネジメントが上手くいかない最大の理由は、部下の多様性を理解していないことにあると思います。自分が理解しているレベルで部下も理解しているはずだとか、自分と同じ要素で部下のモチベーションが上がるはずだといった誤解が、信頼関係を損なっています。

　次に、強みとは何かについて話を進めていきます。まず「強み」の定義は、他の人と同じように取り組むが、他の人よりうまくいくポイント（成功しやすいポイント）のことだと理解しておくと良いでしょう。人は強みを発揮する際に、最大の成果と成長が見込めるといわれています。部下を観察し、それぞれの強みに合わせた役割分担ができれば、自部署の成果も出やすくなります。

　よって、部下の強みを発掘することは、マネジャーにとってとても大切です。部下の強みを見つけるポイントは、部下の行動をよく観察することです。次ページのポイントを参考に、部下の強みを探してみてください。

- ・仕事を任せたとき、迅速かつ丁寧に仕上げてくる仕事
- ・没頭している・活き活きしてやっている仕事
- ・安心して任せられる仕事
- ・「上手だな〜」「すごいな〜」と客観的に褒めたくなる仕事
- ・よく問題点を指摘してくる・いろいろ提言をしてくる仕事
- ・難しい課題・修羅場の切り抜け方を見て、うまいなと思う仕事

　強みを活かせると、成功しやすい、成果が出しやすいため、部下の自己肯定感が向上し、やる気の向上にもつながります。

　部下を観察して、強みの仮説を立てて、部下に新しい役割を任せ、成功と失敗を繰り返しながら、適材適所を構想していくことが、マネジャーの醍醐味ともいえるでしょう。

■内省型リーダーシップを発揮するための実践ガイド■

> **自分の都合で部下を動かさず、部下の都合（強み）に基づいて動かす。**

　マネジャーが会議の場で「今日から積極的に発言してください」と依頼しても、すぐに積極的な発言がでてこないように、部下がマネジャーの言うとおりに動かないのは、部下の都合があるからです。部下は、自分の合理性をもって行動を選択しています。部下もマネジャーの言うことを聞かないことに、合理性を持っているといえるでしょう。

　そうすると、部下の都合に立脚した動かし方をするのが得策です。本人の適性を見極めて、行動しやすい・成果を出しやすい・成長しやすいポイントに役割を付与することで、主体的に動ける・パフォーマンスが自然と上がる・自らの力で成長していけるように導きます。行動させる・成果を出させる・育成するのではなく、適所にそっと置いてあげるイメージを描けるとよいでしょう。

コラム

武器を装備するリーダーシップ、鎧を脱ぐリーダーシップ

　私は、長らくマネジャーとしての役割に苦手意識を抱いていました。コンサルタントとして、個人でタスクを進めることは得意でしたが、チームメンバーとのコミュニケーションが難しいと感じ、特に会議や１on１ミーティングに苦手意識を感じていました。

　マネジメント研修の登壇者として、マネジメント論やコミュニケーション論などの知識は豊富に持っているため、それらを受講者に伝えることは得意です。しかし、自ら実践するのは苦手だと感じていました。

　私は、一般的なマネジャーよりも、マネジメントに関する知識やスキルは豊富に備えているはずなのに、それでも苦手意識が拭えませんでした。つまり、知識やスキルだけで強いリーダーシップが発揮できるわけではないのです。あるときから、マネジメント関連の書籍を読むのをやめ、「助けて」「これは苦手です」「やりたくない」と素直に自分の気持ちを伝えるようにして、徐々に防御の鎧を脱ぎ捨てていったのです。

　その上で、対話の場を増やしていくことに努めました。これにより、自分の胆力を鍛えられたと感じています。トライアルとして、仕事の量も半分に減らしてみたところ、チームメンバーは自主的に動き、問題が発生しても自ら解決に向かい、結果として業績は向上しました。自分が余計な介入をしていたことに気づきました。

　武器を装備することでリーダーシップが発揮できる時期もありますが、一定の経験を重ねた後は、鎧を脱ぐことでリーダーシップが磨かれると感じています。「自分がやりたいようにやる」「助けてと言う」「こだわりを捨てて寛容になる」を心がけてみてください。そうすれば、あなたも、あなたのチームメンバーも、より働きやすい環境を手に入れることができるでしょう。

第2章

・・・・・・・・・・・・・

成人発達理論と
心のブレーキ

2-1 マネジャーの課題と成人発達理論の関係性

■現場が抱える課題■

　第1章で、一般的なマネジャーの課題を「役割認識」「能力の成長」「心の成長」という切り口で分類しました。この章では、「心の成長」に焦点を当て、その意味、必要性、促進方法について解説します。

　まずは、心の成長について成人発達理論を用いて解説します。「はじめに」で触れましたが、成人発達理論は「私たちの知性や能力が一生をかけて成長を遂げていく」という視点から、人間の発達プロセスやメカニズムを探求する学問です。一生をかけて成長できるという魅力的な考え方であり、それぞれの発達段階における獲得した行動や、主な関心ごと、表出しやすい問題行動や憂うつ傾向などが整理されています。

　我々は、発達段階の傾向を掴むことで、表出しやすい問題行動を自覚できたり、憂うつ傾向を理解することでメンタルに関する問題の発症を抑えたり、次の発達段階へ向けた課題などが明らかになるという期待があり、この理論に興味を持ちました。本書では、現場でも実践しやすいように、成人発達理論を活用し弊社でカスタマイズを重ねたノウハウを紹介していきます。また、わかりやすく伝えるために、発達段階の向上を「心の成長」と言い換えています。

　現場が抱える課題の前に、能力の成長と心の成長の違いについて解説します。能力の成長は、スキルや知識を習得して、エンジンの馬力を高めること、一方、心の成長は、無自覚な反応行動を軽減して、恐れのブレーキがかかりにくくすることと表現しています（図表2-1-1参照）。

　人を評価する際に「○○は得意だが、○○が苦手だ」と表現することがよくあります。その苦手部分を克服することが、心の成長と関連しています。心の成長を促進することで、図表2-1-1のExerciseの【回答例】に

あるような「リスクを取る意思決定はしない」「部下に仕事を任せられない」「部下の話に耳を傾けられない」という問題行動の軽減を図ります。

【図表2-1-1　能力の成長と心の成長の関係】

能力の成長・心の成長を分かりやすく表現すると…

能力の成長		心の成長
エンジンの馬力を 高めること		恐れのブレーキが かかりにくくすること

マネジャークラスを観察して感じることを
①できること・得意なこと、②苦手なこと で表現してみてください。

【回答例】

・方針は出ているけど、**リスクを取る意思決定はしない**

・忙しそうにしているけど、**部下に仕事を任せられない**

・意思決定は早いけど、**部下の話に耳を傾けられない**

現場で起こりがちな問題行動には、以下のようなものがあります。

①新しい取り組みの提案をすると、他社の事例やデータを要求し、意思決定を先送りする役員

②上司に反対される可能性がある課題や現状からの変化が必要な課題に対して、理由をつけて取り組まないマネジャー

③会議で自部門の視点のみを強調し、自部門にとって最適な意見を譲らない役員

④一人で仕事を抱え込み、忙しいことを理由にマネジメント業務を行わないマネジャー

⑤自分の考えが常に正しいと確信し、他者の意見に耳を傾けず、正論ばかり述べる役員

⑥結論を急ぎ、部下の話を最後まで聴くことができないマネジャー

これらの問題は、スキルや知識の向上だけでは解決できません。例えば、意思決定を先延ばししている役員に「意思決定することが役員の仕事ですよ」と伝えたり、忙しそうにしているマネジャーに「部下に権限移譲すると楽になりますよ」と伝えたりしても、上手く言い逃れをして行動を変えないことは容易に想像できます。これらの問題行動は、「意思決定をして自分が責任を負う恐れ」や「部下に仕事を任せてお客様に迷惑がかかる恐れ」などの無自覚な恐れが根底にあります。そのため、本人がこの問題行動を自覚し、恐れを取り扱うためには別のスキルが必要です。私たちは、この領域を扱うことを「心の成長」と呼んでいます。

　私たちが心の成長という領域を探求できたのは、成人発達理論がきっかけです。この理論はとても魅力的ではありますが、実際に人材育成の現場で活用しようとするかなりハードルが高いため、私たちはこの理論をアレンジして活用しています。

　まずは、スザンヌ・クック＝グロイター氏の『自我発達理論』という論文を参考に心の成長の解説を進めていきます。『自我発達理論』によると、人間の成長可能性としては、「水平方向の拡張」「垂直方向の向上」「垂直方向の低下」の３軸が存在するとしています（図表２−１−２参照）。

【図表２−１−２　自我発達理論の能力の成長と心の成長】

水平方向の拡張：
同じ段階での水平方向の膨張
（新しいスキル・知識の習得）
→ 能力の成長
（新しい知識・スキルの習得）

垂直方向の向上：
行動変容・意識の器の拡大・認識の枠組みの変化
→ 心の成長
（気づき・認識の変容）

垂直方向の低下：
生活環境・ストレス・疾病などによる一時的停滞または退行
→ 心の回復
（一時的な停滞からの復活）

出典）Nine Levels Of Increasing Embrace In Ego Development　Susanne R. Cook-Greuter(著)　を参考
能力の成長・心の成長・心の回復は、グローセンパートナーが追加

　「水平方向の拡張」とは、同じ発達段階内でスキルや知識を増やす量的な成長を示します。これを私たちは「能力の成長」と呼んでいます。例としては、マネジャーが労務管理の知識を深める、戦略フレームワークを使いこなすようになるなどが挙げられます。

　一方で「垂直方向の向上」とは、人間としてのOS（Operating System）部分、認識の枠組みそのものが広がる成長を指します。この成長はビルの階を上がるようなイメージで、上の階に上がるほど視座が高くなり、多角的な視点を持てるようになります。これを「心の成長」と定義しています。私たちがコンサルティングや研修の現場でよく耳にするマネジャーの問題行動は、「心の成長」に関わるものが多いです。しかし、研修の多くは「心の成長」に関する問題を「能力の成長」で解決しようとするため、問題解決につながらないことが多いのです。

　問題行動とは、どうすればいいか頭ではわかっているはずなのに、無自覚的についついやってしまう行動を指します。例えば、「本当は部下の話をじっくり聴きたいが、ついつい話をさえぎってアドバイスしてしまう」という行動の背後には、忙しくしているマネジャーが、効率よく成果を出さないと自分が疲弊してしまうなどの恐れや不安が隠れています。恐れや不安を取り扱わないまま、傾聴スキルだけを伝えても、部下の話を最後まで聴けるような習慣は習得できません。真の解決のためには、この無自覚な恐れや不安に触れ、それを緩和する「心の成長」が必要なのです。

　最後に、「垂直方向の低下」はストレスや疾病などによって一時的に停滞または退行することです。一時的にメンタルがダメージを受けたとき、そこから回復するプロセスに相当すると考えてください。

■課題が発生する真因■

> **マネジャーの課題を能力の成長だけで解決しようとしているから。**

　私たちがよく耳にするマネジャーの課題の中には、「心の成長」に関連

するものもあるとお伝えしました。例えば、組織サーベイなどで、「上司は成長につながる指摘やフィードバックをしてくれている」という項目の評価が低かったため、１on１ミーティング（以下１on１で統一）の導入研修を１日かけて実施したとします。しかし、「今日は、よい研修でした。しかし、忙しくて１on１をする時間がありません」という言い訳を許してしまうと、研修の効果は低下し、真の課題解決に繋がりません。

　大切なことは、真の問題はスキルの不足ではなく、部下の話をさえぎる癖があることや、仕事を部下に任せられない習慣が自分を忙しくしていると気づくことです。話をさえぎる癖や自分で自分を忙しくする習慣の背後には、部下の発言に耳を傾けると自分に都合の悪い意見が出てくるかもしれない、部下に任せるとお客様からのクレームが増えて、結果的に自分が忙しくなってしまうかもしれないという妄想が潜んでいます。１on１スキル習得と同時に、妄想や、不安・恐れの取り扱い方を学ぶことも大切です。

　これまでの研修では、能力の成長として思考を強化し、時には何度も練習して習慣化を図ってきました。しかし、心の成長では、体の反応・妄想・感情・生存本能など、今までとは異なる領域の扱い方を学び習慣化していきます。

■**研修で伝えていること**■

　「心の成長」というと、とっつきにくい印象や抵抗感があるかもしれません。そのため、私たちは「成人発達理論」を用いて、論理的に解説するところからスタートしています。

　成人発達理論を用いる理由は以下の３つです。

> ①「心の成長」という抽象的なテーマが理論的に整理されており、理解がしやすいから。
> ②問題行動を直接指摘されると受け止めにくいが、理論というクッ

ションを挟むことで、自分の問題行動を客観的に受け止めやすくな
るから。
③問題行動の背景を理論的に整理することで納得感が増し、問題をよ
り自分のものとして受け止めやすくなり、変化への動機づけが高ま
るから。

　成人発達理論は、ロバート・キーガン氏の著作を通じて日本に紹介され
ていますが、この分野には他にも多くの文献があります。私たちは加藤洋
平氏の指導のもと、スザンヌ・クック＝グロイター氏の『自我発達理論』
を学びました。この論文を基に、各発達段階の特徴を紹介していきます。
　以下は、『自我発達理論』を参考に作成した、各発達段階における行動
特性です。特に、マネジャーに多く見られる、発達段階3.0から4.5まで
の特徴に焦点を当てて解説します。図表2-1-3には、発達段階2.5から
4.5までの説明が示されているため、参考までにご覧ください。

【図表2-1-3　各発達段階における行動特性】

各発達段階における行動特性

①その人の中心的な発達段階はありますが、おおよそ前後1段階程度の行動が表出します。
②必ずしも上の段階が良い、上に行くべきという考えではありません。現状の段階がその人にとって最適であることもあります。
③人を評価したり、優劣をつけたりするためのものではありません。

発達段階	2.5	3
	Self-Protective or Opportunistic Stage	The Conformist Stage
	自己防衛的・日和見主義的知性	環境順応型知性
等級相当	新入社員レベル	一般社員レベル
視点	1人称視点	2人称的視点
根底にある欲求	自己防衛	安心・安全の確保
根底にある不安	周囲の環境が脅威に感じる 相手に支配される不安	所属する組織からの拒絶 他人からの否定への不安
主な活動	勝つために仕事をする トラブルを作る	指示を受けた仕事をこなす 指示がないとやらない
主な獲得した行動	□ 自己中心的ではあるが、自分の意思で行動できる □ 自己防衛の手段として、他者をどう活用するかを理解し始める □ 良い/悪い、正しい/間違ったなど単純な判断はできる	□ 相手の気持ちがわかったり、相手の立場で考えたりすることができる □ 周囲からどのようにみられ、どのような役割を期待されているかを認識できる □ 帰属意識を持ち、忠実に行動できる
主な問題行動	□ 問題は外部要因と捉え、自責化できない □ 問題点を指摘されると、激しく怒ったり、激しく凹んだりする □ 自分が正しいと防衛するために、お客様の立場・職場メンバーの立場になって考えることができない □ 勝ち負けにこだわり、相手を傷つける □ トラブルを想定して、いつも避けようとする	□ 組織の規範・ルールを意識して、リスクを回避する □ 積極的に問題解決することを好まない（失敗して組織からの期待を裏切ることが怖い） □ リーダーシップ発揮することを好まない（リーダーシップを発揮することで、仲間外れになることが怖い） □ 全員の承認を確実に得ることに焦点を当てる □ 他者が考えていることや評判が気になる（面子にこだわる）
成長機会	① お客様からのクレーム ② 上司・先輩からの厳しい指導 ③ 職場環境に自分を合わせる体験 ④ ルール違反による懲戒処分など	① 異動などの環境変化 ② 発言機会の創出 ③ 問題解決・意思決定の機会提供 ④ 自己価値の定義とキャリアデザイン ⑤ 安心して発言・行動できる環境作り

※『Nine Levels Of Increasing Embrace In Ego Development』スザンヌ・クック=グロイター（著）をベースに作成しています

3.5	4	4.5
The Self-conscious or Expert Stage	The Conscientious or Achiever Stage	The Individualist or Pluralist Stage
自己意識的・専門家的知性	自己受容型知性	相対主義型・多元主義型知性
専門家レベル	マネジャーレベル	経営層レベル
3人称的視点		4人称的視点
自己価値の発揮	ゴールの達成	自己受容・自己変容
自分の専門性・特殊性の喪失を恐れる	ありたい姿に対して成果を出せない不安	従来の枠組みに引き戻されその枠組みに制約される恐怖
仕事に価値をつける自分の価値発揮にこだわる	ゴールにまい進する自分・他人を疲弊させる	現在に集中し、経験を楽しむ周囲から判断軸が見えにくい
□ 独自の価値・専門性を認識でき、主体的に行動ができる □ 客観的に自分を見る視点を持つ □ 実務レベルのリーダーシップは図れる	□ 周囲を客観的に見ることができる □ 過去・現在・将来を俯瞰した認識ができる □ 自分自身の判断基準を持って、自律的に行動できる	□ 真実と呼べるものはない、すべてが相対であることを知る □ 多様性の理解ができ、すべての立場を理解しようとする □ 過去・未来より現在に焦点を置くことができる
□ 自分の専門分野に関する意見を言わないと気が済まない □ 自分の正当性にこだわり、相手の間違いを責める □ 自分の任務を効率的に進めたいので、コラボができない □ 専門性を脅かされる可能性があるので、後輩育成をしない □ 優先順位づけができずに、多くの解決策を生み出す □ 人の気持ちより、自分の意見や専門性発揮にこだわる	□ ありたい姿に向けて、なりふり構わず働く（長時間労働） □ 主体性があるが、自己中心的でもある □ 自分が正しいという着眼で、部下をコントロールする □ 育成という表現を使いながら、仕事を押しつける □ 部下の話を聞かない。話をさえぎる □ 正論を伝えることで、部下はやる気を失っている	□ 状況が変われば、違ったことを表現する □ 会議は長引き、意思決定は遅れる □ 人の意見は聞けるようになるが、意思決定ができなくなる □ 仕組みの批判はできるが、打ち手は示さない □ 仕組みにあてはめようとすると、抵抗を感じる □ 個人主義的に映り、社会適応性が抵くなる
① 部下・後輩の育成体験 ② プロジェクトリーダーの体験 ③ 専門性が通用しないプロジェクトへの参画 ④ 部署方針策定に携わらせる ⑤ 他者からの率直なフィードバック	① 自分を見つめるための長期休暇 ② マネジメントや人材育成の失敗体験の受容（アイデンティティの崩壊） ③ コーチングやワークショップによる第三者からの支援 ④ 深いメンタルモデルの発見	① 自分の内面探求と自己洞察力の向上 ② 自分の反応やメンタルモデルの理解と手放し ③ 本当の自分（真我）を探す旅をする ④ 内面世界と現実の関連性を体験

環境順応型知性（発達段階3.0）は、その名のとおり、周囲の環境を把握し適応できる段階です。この段階にいる人は、周りからの期待を理解し、それに応えることができます。一方で、ありたい姿を自ら描いて周囲に提示することや、集団の常識を覆すような発想や行動をすることは苦手です。この段階にいるマネジャーは、いわゆる日和見的なマネジャーとして振る舞うことがあります。ルーティンワークや既定のオペレーションをこなすことには長けていますが、現状を変革するタイプのリーダーシップをとることを苦手とする傾向があります。

　自己意識的・専門家的知性（発達段階3.5）は、発達段階3.0から進化して、自らの専門性が確立する段階です。専門領域内での意思決定やリーダーシップは期待できますが、その範囲を超えた判断や、横断的なプロジェクト、他部門とのコラボレーションでのリーダーシップは苦手です。この段階にいる人は、専門性への執着が強く、自己成長や自分軸の確立に焦点を合わせる傾向があるため、人材育成や協働による成果創出を後回しにしがちです。同様に、この段階のマネジャーは、自らの専門領域で高い価値を発揮しますが、その領域を超える時、特に部門全体や会社全体の判断が求められる場面では、自分中心・自部門中心の判断をすることが目につきます。

　自己受容型知性（発達段階4.0）では、包括的な思考が可能となり、明確なありたい姿を持ちながら、独自の価値基準に基づいて自律的な行動ができます。しかし、自らの価値基準と他者の間で対立が生じると、客観的な評価が難しく、他者に対して自らの価値基準を押し付ける傾向があります。この段階のマネジャーは、部門の理想の方向性や方針を示すことができる一方で、その理想に向かって邁進する傾向があり、他者を支配的に扱うことが増えます。自らの意見や考えを正しいと断定し、それを部下や他部門に押し付ける場面も見られます。

　最後に、相対主義型・多元主義型知性（発達段階4.5）について説明します。この段階では、自分の価値基準を持ちつつ、他者との対立が生じた際には、自分の価値基準を捉えなおす姿勢を持ちます。自らの考えを絶対とせず、他者の価値基準や多様性を尊重するため、状況に応じて意思決定の基準が変動する傾向があります。発達段階4.0と比べて柔軟性が増しますが、決定を遅らせたり、状況によって意見が変わったりすることが多いため、「（他視点を考慮するがゆえに）意思決定が遅い」「（状況対応できるがゆえに）発言がコロコロ変わる」という課題が見られることがあります。この段階のマネジャーは、自分の意見をしっかり伝えつつ、他者を尊重する柔軟なリーダーシップを展開します。しかし、決断が遅れる、場合によっては意思決定をしないといった行動を取ることもあり、周囲を困惑させることもあります。

　つまり、どの発達段階においても、獲得した行動と同時に問題行動も表出します。

　実は、■現場が抱える課題■で挙げた課題は、各発達段階において表出しやすい問題行動です。それぞれの問題行動について解説を加えます。

【発達段階3.0の問題行動】
①新しい取り組みの提案をすると、他社の事例やデータを要求し、意思決定を先送りする役員
　【解説】
　自分軸で意思決定することに自信がなく、事例やデータなど判断における拠り所がないと判断できないという問題行動です。
②上司に反対される可能性がある課題や現状からの変化が必要な課題に対して、理由をつけて取り組まないマネジャー
　【解説】
　評価が下がったり、将来の昇進が遅れたりする恐れが先行してリス

クを取れず、新しい施策や挑戦的な施策を先送りにする問題行動です。

【発達段階3.5の問題行動】
③会議で自部門の視点のみを強調し、自部門にとって最適な意見を譲らない役員
【解説】
自分の専門分野における理論や経験を絶対視することで、包括的な視点が欠けたまま持論に固執するという問題行動です。
④一人で仕事を抱え込み、忙しいことを理由にマネジメント業務を行わないマネジャー
【解説】
アウトプットの質の低下を恐れて部下に任せることができず、自分の専門性・価値観に固執して業務を抱え込んでしまうという問題行動です。

【発達段階4.0の問題行動】
⑤自分の考えが常に正しいと確信し、他者の意見に耳を傾けず、正論ばかり述べる役員
【解説】
自分の考えや価値観を絶対視し、他者の意見を受け入れずに論破を試みる傾向があります。論理的思考能力が高いため、この正論に対抗するのは難しく、周囲のメンバーのモチベーションが低下してしまう問題行動です。

⑥結論を急ぎ、部下の話を最後まで聴くことができないマネジャー

【解説】

成果を出すこと、ゴールを達成することに執着があり、部下の話を聞いている途中でも、自分なりの結論が見えるとそれを言わないと気が済まないという問題行動です。

　ここまでが、発達段階の概要です。各発達段階の獲得できた行動と問題行動から、自分や周囲のメンバーが起こしがちな行動の背景への理解が進むと思います。

　発達段階の理解が進むと、「発達段階をどう上げるか」という疑問が浮かびます。成人発達理論では、発達のスピードは固有のものであり、それは自然な現象とされています。一方、企業としては社員の発達段階を促進したいという要望も存在します。そこで、我々の研修では、発達促進＝問題行動の緩和と置き換え、無自覚な恐れを自覚することで問題行動を緩和することを目指しています。

　まずは、各発達段階における恐れについて説明します（図表2-1-4参照）。先ほどと同じく、マネジャーに多く見られる、発達段階3.0から4.5までの恐れに焦点を当てて解説していきます。

【図表2-1-4　発達とは「恐れ」が変化すること】

発達段階	獲得した人称	対象の目安	獲得した主な行動	主な恐れ	主な問題行動
2.5	1人称	新入社員の一部	単純な損得勘定	自分が損をする危険な目に合う	利己的・防御的な行動自責にできない
3.0	2人称	若手社員	周りの期待に応える	仲間外れになる地位・立場を失う	リスクを避ける保身的
3.5	3人称	スペシャリスト	自分軸・専門性の発揮	専門領域の正当性の否定	理論・専門性に執着する（育成・協働×）
4.0	3人称	マネジャー役員	包括的・網羅的な思考自己決定	ゴールが達成できない他者に支配される	なりふり構わず働く相手を管理・支配する普遍主義
4.5	4人称	マネジャー役員	自己・多様性受容多角的な視点を取り入れて決定	現実のシステムに制約される	状況に応じて意思決定が変わる意思決定が遅くなる

出典）Nine Levels Of Increasing Embrace In Ego Development　Susanne R. Cook-Greuter(著)　参考

　発達段階3.0の人が最も恐れるのは、周囲の仲間や所属コミュニティからの孤立です。そのため、周囲の期待を正確に把握し、それに応じた行動をして、コミュニティのルールや慣習を守ることを大切にします。しかし、集団からの孤立を恐れるあまり、コミュニティの常識や価値観に合わない行動を避ける傾向が強まります。その結果、積極的な問題解決や挑戦的な行動を回避する傾向があります。

　発達段階3.5の人が最も恐れるのは、自分の軸や専門性を否定されることです。発達段階3.5の人は周囲の期待に応えること以上に、自分の強みや専門性を磨くことに注力します。その結果、その専門性はアイデンティティ（存在意義）として形成されます。自分の軸や専門性を否定されることは、自分のアイデンティティの喪失につながるため、極度に嫌がります。専門領域では力が発揮できる一方で、専門性を超えたプロジェクトでリーダーシップを発揮することや、人材育成に関しては苦手とする傾向があります。

　発達段階4.0の人が最も恐れるのは、自分のビジョンやゴールが達成できないことです。ビジョンやゴールの達成に向けて過度に努力するあまり、細かな指示を出すマイクロマネジメントのようなスタイルになり、自分や部下を疲弊させがちです。また、発達段階4.0の人は高い論理性や思考力を持ち、自分だけでなく他者をも論理的に説得しようとする傾向があります。自分の「正しさ」に固執して、自分が間違えている可能性を見落とすことがあります。度が過ぎると、相手の意見を封じ込めようとする態度が強くなり、その結果、パワーハラスメント（以下、パワハラ）傾向や、部下をコントロールする傾向が強くなることがあります。

　発達段階4.5の人が最も恐れるのは、現実のシステムや仕組みに制約され、柔軟な選択ができなくなることです。発達段階4.5の人は、物ごとに絶対的な正解はないと捉え、状況に応じて最適な答えが変わると考えます。最適な答えを出すためには状況を正確に見極める必要があると考えているため、ギリギリまで意思決定を先延ばしにしたり、一度決めたことを再検証し続けて結論がなかなか出なかったりといった問題が生じることがあります。

　以上が各発達段階における恐れの概要です。
　「心の成長」は、体験や内省を積み重ねていく中で、恐れと感じていたことを徐々に恐れと感じなくなり、新しい視点が育まれることで起こります。小さくても挑戦的な仕事をして、成功体験・失敗体験を積むことで、失敗が怖くなくなるといったことが例として挙げられます。その結果、物ごとの捉え方が変わり、新たな挑戦が心地よくなるイメージです。

最後に、成人発達理論を扱う上での留意点を３点ご紹介します。

①発達段階を推定して、人の評価や昇進昇格には使わない。
②成長発達を急ぐと、その段階の積み残しが生じ、将来的に成長の停滞などを生む可能性がある。
③高い発達段階が必ずしもビジネスのパフォーマンス向上を保証するわけではない。

　①の「発達段階を推定して、人の評価や昇進昇格には使わない」について解説します。元来、発達段階の測定は、厳密なインタビューや論文をもとに、対象者の思考構造を分析して行われるものです。さらに、その測定は修士レベルの成人発達理論の専門知識を有する者が担当するべきです。もちろん、測定過程での偏見が影響しないよう配慮することも重要です。このような背景を踏まえ、私たちのような基本的な知識しか持たない者が、発達段階をもとに他者を評価することは避けるべきです。成人発達理論というツールを学ぶと、つい評価目的での利用を考えがちですが、それよりも人材育成やキャリア開発など成長を支援する場面での活用をおすすめします。成人発達理論をベースとした発達段階の測定は、米国のレクティカ社がLDMAというアセスメントツールを開発しています。

　②の「成長発達を急ぐと、その段階の積み残しが生じ、将来的に成長の停滞などを生む可能性がある」について解説します。発達段階はある程度の段階から次の段階への移行が完了するために、少なくとも５年は必要とされ、５～10年かけて徐々に上昇します。現在の発達段階を味わい尽くす（深く経験する）ことで、次の発達段階への扉が開くといわれています。発達のスピードは固有のものであり、それは自然な現象とされています。発達を急ぎすぎると、その段階の経験の積み残しが生じてしまい、次の段階の発達に遅れが生じることがあると言われています。無理に発達を

加速させるのではなく、発達が自然に促されるような環境を整えることが重要です。また、発達段階4.0の人は4.0の行動だけを表出するわけではなく、3.0段階、3.5段階、そして4.5段階の行動も重なりあいながら表出します。発達段階4.0の人でも、発達段階3.0の経験が浅いと、その段階の問題行動が表出しがちになります。

　③の「高い発達段階が必ずしもビジネスのパフォーマンス向上を保証するわけではない」について解説します。発達段階が高いからといって、ビジネスのパフォーマンスが高いとは証明されていないといわれています。なぜなら、ビジネスのパフォーマンスは発達段階だけに依存するものではなく、環境要因やスキル要因など多様な要素が複雑に絡み合っているからです。また、成人発達理論には、この書籍で扱っているような自我の発達段階だけでなく、内省的判断力、道徳的判断なども存在します。また、発達段階以外の要素、性格や価値観などが複合的に織りなされ、行動が表出されることを念頭に置いておいてください。

　成人発達理論はこれまでの成長観や学習観、キャリア観を捉えなおす優れたツールである一方、万能ではないことを意識したうえで活用することが重要です。

■受講者の声■

　以下は、成人発達理論に初めて触れた受講者の声です。

・部下の行動の理解できなかった面への理解が深まりました。
・理解できても行動できないのは、「恐れ」があるからだと気づきました。
・心の成長は体験と内省からしか望めないこと、また我々が提供できるのは環境づくりだけだと理解しました。
・自分都合の人材育成の限界がわかりました。同様に、自分に向き合

う大切さもわかりました。

・効果的なコミュニケーションを取るためには、育成する側が相手の発達段階に合わせたアプローチをすることが必要であると理解できました。

・部下も上司も、それぞれが自分の中にある合理性に従って言動を選択していることを改めて考えさせられました。

・「恐れ」はどの段階でもあるということと、その恐れを自覚して行動変容していくことが大切だとわかりました。

　成人発達理論を理解することで、従来の人材育成や部下との接し方に対する持論や思い込みが見直され、相手の状況や心境をより深く観察する姿勢が増していきます。その結果、部下との関わりを深める意欲が高まることが多いように感じています。

■内省型リーダーシップを発揮するための実践ガイド■

> 心の成長の観点を取り入れ、自分も「恐れ」に影響を受けて行動を選択していることを理解する。

　成人発達理論を学ぶ真の意義は、他者を評価・判断することではなく、自分の中に未自覚の領域が存在することを理解し、そこに成長の可能性があると認識する点にあります。誰もが完璧な存在ではなく、自分の盲点や無自覚の領域を持っています。したがって、他者からのフィードバックを丁寧に受け取り、自分が正しいと思っていることを捉えなおす（再検証）きっかけにすることが大切です。成人発達理論は、既存の価値観や捉え方を正当化するためのツールではなく、既存の枠組みを超えて新しい視点を探求するためのツールなのです。

2-2 心の成長と反応行動

■現場が抱える課題■

　以前、生産性向上を目的とした研修を実施した際に、生産性を阻害していると思うマネジャーの行動について聞いてみました。すると、部下からはマネジャーに対して以下のような声があがりました。

- ・資料の全体的な流れやポイントを指摘してほしいのに、細かい文法や表現のみが指摘される。
- ・会議でマネジャーの話が毎回長く、同じ内容を繰り返しているように感じる。
- ・1on1は、自分の問題を解決してほしい時間なのに、大半がマネジャーの話になってしまう。
- ・自分が作成した資料にマネジャーが多くの修正を加えるので、最初からマネジャーに作成してもらった方が早いと感じる。
- ・仕事を任せてもらってよいのに、マネジャーが仕事を抱えていて忙しそうなので、相談する時間がない。

　これらの意見を見ると、マネジャーの皆さんも身に覚えがあるものや、わかっているけど慣習的に継続していると思うものが含まれていることでしょう。

　わかっていながらもついやってしまい、自分や相手にネガティブな影響をもたらす行動を、「反応行動」と呼んでいます（これまで「問題行動」という用語を用いていましたが、「反応行動」という用語に統一します）。

　多くの場合、私たちは「反応行動」の改善を進めるにあたり、以下のような対応を取りがちです。

①反応行動を取ってしまうのは自分が原因ではなく、周囲のせいだと言い訳する。

②ストレスコントロールや傾聴などの新しい知識やスキルを身につけることで、反応行動を変えようとする。

③反応行動をしてしまう自分を責め、反応行動をやめようと自分に言い聞かせる。

多くの場合、①にあるように自分が原因だと自覚できていないため、問題を受け止めることなく、周囲や環境のせいにしようとします。痛いところをつかれて、感情的に怒りだす人もいるでしょう。

また、②にあるように新しい知識やスキルを身につけることで反応行動を変えようとするかもしれません。しかし、反応行動は体の反応として脊髄反射的に起きているものであるため、知識やスキルだけでは緩和できません。

③のように反応行動を悪として自分を責めてしまうと、新たな反応行動を生む可能性が高いです。そのため、この対処も最適とは言えません。

では、反応行動にはどのように向き合えばよいのでしょうか?

■**課題が発生する真因**■

反応行動という体の反応を、知識やスキルで解決しようとしているから。

知識やスキルを学んでも反応行動が減らないのは、反応行動に対するアプローチが誤っているからです。反応行動は思考からではなく、体からの反応として起こります。したがって、体の反応を注意深く観察し、反応行動を引き起こしている無自覚な思い込みや恐れを明らかにする必要があります。

これから、実際に研修で行っているワークをご紹介します。皆さんも自

分の反応行動を思い浮かべ、体で感じながら読み進めていただければと思います。

　まずは、「無自覚な心の構造」について解説します（図表2-2-1参照）。普段は無自覚な領域ですが、言葉にすることで自覚でき、それを習慣化することで自覚的に取り扱えるようになります。

【図表2-2-1　無自覚な心の構造】

	解説	例
体の反応	自分の意思に関わらず、体に起きる現象	ドキドキする・体が硬くなる　など
想定（妄想）	妄想的に考えている最悪のシナリオ	発表で失敗する・周囲から否定される・講師から指されて答えられない　など
感情	今の状況は自分の欲求が満たされているか否かを伝えるメッセージ	喜び・幸福感・不安・怒り　など
自分の欲求（生存本能）	生存本能として、守りたい自分の欲求	自分のプライド・自分の評価・自分の立場や役割　など

　「緊張」を例に、無自覚な心の構造について紹介します。
　「緊張」は「緊張しよう」と思って生じるものではなく、また「緊張を解消しよう」と思って解消できるものでもありません。このように、自分の意志にかかわらず体に起きる現象が「体の反応」です。緊張の場合、心臓がドキドキしたり、体が硬くなったりする現象が当てはまります。
　体の反応は、無意識に思い描いている最悪のシナリオに起因します。研修開始時、受講者は緊張から口数が減ることが多いです。アイスブレイク[4]を行い、緊張を和らげた後で、「どのような事態を想像し、緊張していましたか？」と質問すると、「発表内容を周囲から否定される」「講師に質

4　アイスブレイクとは、緊張を緩和させるためのコミュニケーション方法のことで、会議・研修などの導入部分に行います。軽く雑談したり、簡単なゲームをしたりすることで、緊張していた体をほぐすことができます。

問され、答えられない」といった答えが返ってきます。これらの無意識に描くシナリオを「妄想」と称し、この妄想が体の反応を引き起こす原因なのです。

　次に、感情について解説します。感情は、自分の欲求が満たされているかどうかを伝える伝達機能としての役割を持っています。欲求が満たされていると、喜びや幸福感を感じ、欲求が満たされないと、不安や怒りを感じます。

　最後に、自分の欲求（生存本能）について解説します。受講者に、「妄想が現実化して失われるものはなんですか？」と質問すると、「自分のプライド」「自分の評価」といった答えが返ってきます。ほとんどの場合、「自分の○○」という表現になります。この欲求は、生存本能的な欲求を指します。人間の脳の中心部には、生存脳（爬虫類能）があると言われており、この部位が本能的欲求や基本的な生命活動を担っています。爬虫類時代は、敵から身を守る、餓死しないように食料を調達するという本能的欲求でしたが、現代では自分のプライドや自分の評価、自分の立場や役割を守るという欲求に変化してきていると説明しています。

　これまでの体の反応についての解説を、順序を逆にして整理しながら説明します。研修の場面では、「自分の立場を守りたい」という欲求が、「発表して周囲から否定されるのではないか」という妄想を引き起こし、自分の欲求が満たされない「不安」という感情になり、「緊張」という反応が起きるという構造になっています。

　ここまで反応行動について解説してきましたが、この反応行動は、すべての人に起こるものです。パワハラや過度な指導も、反応行動の一例です。パワハラ的な行動を起こすとき、「今から部下の人格を否定しよう」と意図的に行動しているのではなく、怒りが湧き上がり、その感情を抑えきれずに暴言を発してしまうものです。感情に任せた行動を反省することで制御できますが、次第に自己制御が効かなくなり、発言がエスカレート

してしまうことがあります。

　人は反応行動を見抜く能力を持っており、強い反応行動を表出するマネ
ジャーは、部下からの信頼を徐々に失ってしまいます。そうならないため
にも、マネジャーは反応行動に自覚的になり、その緩和のスキルを身につ
けていただきたいです。

■研修で伝えていること■

　ここから、研修でお伝えしている反応行動の扱い方を紹介します。研修
では、チェックイン[5]が終了した後に、「チェックイン前後でどのような感
情の変化がありましたか？」と尋ねています（図表2-2-2参照）。その
結果、「緊張していたがリラックスした」「相手との距離感が縮まった」
「研修に向けて積極的な気持ちになった」という回答が挙がります。この
段階で、先述した「心の構造」を取り上げ、人がなぜ緊張するのかという
構造を説明します。研修では、このような体験を通じて「体の反応」「感
情」「自分の欲求」などへの理解を深めていきます。

【図表2-2-2　チェックインの効果】

チェックイン前後で、どのような感情の変化がありましたか。「チェッ
クインをして感情が○○から○○に変化した」という表現で記入してく
ださい。

	チェックイン前	チェックイン後
体の反応	緊張していた	リラックスした
相手との距離感	距離感があった	距離感が縮まった
研修に対する姿勢	消極的だった	積極性が増した

5　研修やワークショップで行うチェックインとは、解説やメインのワークが始まる前に、参
　加者が互いの状況や感じていることを共有しあったり、気持ちを整えたりするための時間
　のことをいいます。チェックインを通じた嘘のない素直な発言によって、お互いの背景を
　理解し合うことができます。その結果、相手の環境をありのままに受容しやすくなった
　り、場に集中しやすくなったりします。

続いて、ビジネスの場面でも起きがちな妄想と反応行動について、いくつか抜粋して解説します（図表2-2-3参照）。

【図表2-2-3　ビジネスの場面でも起きがちな妄想と反応行動】

場面	無自覚な妄想	恐れからくる反応行動
研修	失敗して恥をかくという恐れ	まずは皆の出方をうかがう
会議	相手に理解されない恐れ	説明が長くなる
会議	言いだしっぺに負荷がかかる恐れ	良い案があるが発言を控える
会議	意思決定してリスクが増える恐れ	完璧に情報収集してから決める
会議	正当性を否定される恐れ	自分の主張を曲げない
仕事	人に嫌われる恐れ	相手の指示どおりにしかやらない
仕事	仕事でミスを指摘される恐れ	必要以上に丁寧に仕上げる
仕事	能力がないと思われる恐れ	人の協力を仰がず、自分でやる
仕事	任せて問題が起きる恐れ	部下に仕事を任せない
面談	自分の意見が否定される恐れ	部下の意見にかぶせる
面談	自分に不都合な意見がでる恐れ	自分の意見をひたすら話す

図にあるように、仕事のさまざまな場面で反応行動が見られることがわかります。そしてこの反応行動が、会社の生産性を著しく低下させています。しかし、多くの場合、本人はこの反応行動に気づいておらず、周囲の人々はその反応行動を目の当たりにしながら、不快に感じたり、不信感を抱いたりしているのです。

ビジネスの場面で起きがちな妄想と反応行動については、日常的に目にしているため、多くの人にとって納得感があると思います。ここからは、皆さん自身の反応行動に焦点を当てていきます。

研修では、「本当は…したいけど、ついつい…してしまう」という反応行動を挙げてもらいます。「本当は…したいけど」の部分を意図行動、「ついつい…してしまう」の部分を反応行動と呼んでいます（図表2-2-4参照）。

【図表2-2-4　自分がやっている反応行動を明らかにする】

Exercise

部下とのコミュニケーションの場面において、自分の意図とは異なる反応行動を
列挙してみてください。「本当は…したいけど」と「ついつい…してしまう」
という言葉で表現してみてください。

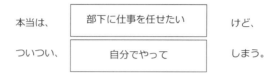

本当は、　[部下に仕事を任せたい]　けど、

ついつい、　[自分でやって]　しまう。

　現在、研修の多くはオンラインで行われており、受講者の皆さんには
チャットで意図行動と反応行動を回答してもらうのですが、以下はその一
例です。

・本当は部下の話をじっくり聴きたいけど、ついつい結論を述べてし
　まう。
・本当は細かい指摘をしたくないけど、ついついいろいろ指摘してし
　まう。
・本当は部下の意見に同意したいけど、ついつい否定してしまう。
・本当は優しく会話をしたいけど、ついつい声を張り上げてしまう。
・本当は注意したいけど、ついつい我慢してしまう。
・本当はしっかり叱りたいけど、ついついオブラートに包んだ表現を
　してしまう。

　続いて、「他の受講者の反応行動を見て感じたこと」をチャットで共有
してもらいます。多くの受講者からは以下のような感想が挙がります。

・共感できます。あるあるですね。思いあたるものがいくつもある。
・みんな同じなのだと安心しました。
・余裕がないと、反応行動をしてしまいがち。

・マネジャーは、話しすぎる人が多い。逆に、遠慮しがちな人もいる。

　最も多いコメントは、「共感」「同感」「あるある」という言葉です。自分だけでなく、多くの人が同じような反応行動をしていることに気づき、安心します。このワークを行うことで、反応行動を開示することへの抵抗感を減らすことができます。

　次に多く見られるコメントは、「忙しい」「余裕がない」「ゆとりがない」から反応行動が増えるという言葉です。時間的な余裕がないと、反応行動が増えることが理解いただけると思います。第6章でも詳述しますが、私たちが「忙しさからの解放」を強調するのは、忙しさが反応行動を増加させ、部下との関係を悪化させたり、組織の心理的安全性を低下させたりすると考えているからです。良質なコミュニケーションやイノベーションを実現するためには、忙しさからの解放、すなわち、ゆとりを持った時間を確保することが不可欠だと考えています。

　反応行動を自覚し始めると、自分が意図とは異なる反応的な行動を選択していることに気づきます。人材育成のために部下の意見を尊重し、彼らに権限移譲を進めるべきであるにもかかわらず、時間的な制約から人材育成が後回しになってしまっている状況が自覚できるようになります。反応行動を自覚することで、「反応行動が人材育成に悪影響を与えている」「効率追求のために人材育成がおろそかになっている」と感じ、自分の行動を振り返り、変えていこうという意識が芽生えます。

　ここで伝えたいのは、反応行動をするのは偽の自分で、意図行動をしようとするのが真の自分であるということです。偽の自分、すなわち「爬虫類脳」が反応的な行動を引き起こしていることを理解し、反応行動を取る自分を責めないようにアドバイスしています。反動行動をとる自分を責めだすと、それが新たな反応行動を生むからです。

　私たちは、反応行動を自覚し、緩和するためのさまざまな演習を開発し

ました。まずは、無自覚な妄想を言語化する演習から紹介します（図表2-2-5参照）。

【図表2-2-5　反応行動の奥にある無自覚な妄想を言語化する】

自分の反応行動（ついつい…してしまう）について、反応行動の奥に潜んでいる無自覚な妄想を言語化してみましょう。

	解説	反応行動を深掘りすると
意図行動	本当はやりたい、意図している行動	【回答例】本当は部下に仕事を任せたい
反応行動	無自覚的に選択する、ついついしてしまう行動	【回答例】ついつい自分でやってしまう
想定（妄想）	意図行動を実行に移した場合、起こると想定している最悪のシナリオ	【回答例】部下に仕事を任せると、お客様からクレームが起き、会社に多大な迷惑をかける
	最悪のシナリオが現実化すると失われるもの（自分の○○という表現にしてください）	【回答例】自分の信頼が損なわれる

このワークは、5つの問いかけで構成されており、まずは最初の3つを紹介します。読者の皆さんもぜひ、これらの問いかけに答えてみてください。

Q1：先ほどの「本当は…したいけど、ついつい…してしまう」行動を、意図行動と反応行動に分けてください。

Q2：次に想定（妄想）の言語化をします。意図行動を実行に移した場合、起こると想定している最悪のシナリオを挙げてください。

Q3：Q2の最悪のシナリオが現実化すると、自分の何が失われたり、損なわれたり、奪われたりすると考えているか教えてください。

Q2では、意図行動を実行する場面を想定します。人は、意図行動を実行すると悪い結果が生じると想像し、その回避のために反応行動を選びがちです。ここでは、意図行動を実行に移した場合、自分がどのような最悪のシナリオを想像しているのかを言語化してもらいます。例えば、意図行動が「本当は部下に仕事を任せたい」で、反応行動が「ついつい自分でやってしまう」だった場合、最悪のシナリオは「部下に仕事を任せると、お客様からのクレームが生じ、会社に多大な迷惑をかける」などになります。

　Q3では、その最悪のシナリオが実際に起こった場合、失われたり、損なわれたり、奪われたりする自分の欲求を言語化してみます。例として、「自分の信頼が損なわれる」などが考えられます。

　残りの2つの問いかけは以下です。

> Q4：「想定（妄想）」が現実化して、あなたの「自分の欲求」が失われたり、損なわれたりする可能性は何％ぐらいですか？
>
> Q5：「想定（妄想）」が現実化して、あなたの「自分の欲求」が失われたり、損なわれたりした場合、その被害の度合いはどれくらいですか？甚大・大きい・中ぐらい・小さいから選択してください。

　Q4・Q5に回答すると、妄想が現実化する可能性は低い、または、起きても被害の度合いが小さいことに気づきます。これまでの事例から回答例を示すと、「部下に仕事を任せて、お客様からのクレームが生じ、会社に多大な迷惑をかける」可能性は5％未満でしょう。

　これら5つの問いかけを通して、反応行動の背後にある、現実になる可能性が低い、または起きても被害が小さい妄想に自分が振り回されていると気づきます。

　この演習の受講者の感想や気づきは以下のようなものになります。

- ・可能性が低いことに対して、必要以上に恐れている自分に気づけました。
- ・起きない失敗を心配して、疲れてしまうことが多い自分に気づけました。
- ・冷静に考えることで、反応行動とは異なる行動を選択できそうです。
- ・勇気と思い切りで、意図行動を実践してみようと思いました。
- ・自分にばかり意識が向いていて、恥ずかしいです。
- ・自分のプライドが邪魔していることに気づけました。

　妄想を言語化することで、反応行動を客観視し、保留できます。意図行動と反応行動を言語化することによって、勇気を持って意図行動を選択すればよいことにも気づけます。自己都合の反応行動に気づき、深刻になるのではなく、そんな自分を笑い飛ばせるような状況になります。受講者に演習後の変化を質問すると、「すっきりした」「頭の中の雑音が止んだ」などの声があがります。

■受講者の声■

　研修後の所感には、以下のようなものがあります。

- ・自分の反応行動が部下の育成を妨げている可能性があると気づき、衝撃を受けました。他人のせいにしてしまう傾向があることに、深く反省しています。
- ・自分の無自覚な反応行動が部下の育成の障害となっていることを認識しました。自分が変われば、部下がもっと自律的に考えるようになるのではないかと思います。
- ・自分の反応行動が部下の同様の行動を引き起こしていると感じました。意識していない行動が増えていることに気づき、それが自らの負担を増やしていることを実感しました。

- 反応行動を深掘りすることで、そのデメリットがメリットよりも大きいことに気づき、印象に残りました。
- 反応行動によって、時として自分自身を苦しめていることを感じました。
- 「意思決定の材料が必要」という思いから、つい部下に状況を確認したくなる衝動に駆られます。しかし、それが「ああ、器が小さいな〜」と受け取られる可能性があることに、大きな気づきを得ました。

　無自覚な心の構造を見える化することで、自分の反応行動を客観的に取り扱えるスキルが身につきます。

■内省型リーダーシップを発揮するための実践ガイド■

> 反応行動に対して、「気づく」「保留する」「緩和する」スキルを身につける。

　反応行動は、無自覚な妄想や恐れから生じる固定された行動パターンです。人の生存本能に深く根ざしているため、完全になくすことは難しいですが、反応行動のメカニズムを理解し、それを受け入れることで、反応行動を緩和することはできます。

　重要なのは、まず自分の反応行動に気づくことです。初めは、「ああ、また反応行動をしてしまった」と反省するだけでも良いのです。次第に、反応行動をする瞬間に気づき、その行動を控えることができます。時間のゆとりがあるときに、先述した方法で、妄想を言語化し、その妄想に左右されている自分に気づくことで、反応行動以外の選択ができるようになります（詳細は、次の節で解説）。

　これが習慣化すると、反応行動が緩和され、他者の反応行動を見たときも感情的にならず、冷静に状況を判断できます。特に、部下が反応行動を示した際には、その背後にある妄想を探ることで、以前よりも的確なアド

バイスができるようになります。

　すべての人は、反応行動を表出してしまいます。しかし、そのメカニズムを理解し適切に対応すると、反応行動を制御できます。そうすることで、自分自身も周囲も恐れや妄想から解放されるのです。

2－3　内省型リーダーシップ

■現場が抱える課題■

　ここまで、成人発達理論や反応行動について解説してきました。本節では、これらの概念を現場でどのように活用するかについて解説していきます。

　マネジメント研修の質疑応答の場面で、以下のような相談をよく受けます。

> ・最近の若手社員とのコミュニケーション方法がわからない。
> ・若手社員に主体性が足りないと感じる。
> ・会議時に若手からの意見が少ない。

　この様な問題に対して、「もしかするとその状況を作っているのは自分かもしれない」と捉え直しができることが、内省型リーダーシップのスタートです。

　「最近の若手社員とのコミュニケーション方法がわからない」という悩みについて、私はどの世代でもコミュニケーションは取れると考えています。マネジャーが実際に困っているのは、「自分の望むとおりに彼らが動いてくれない」という点ではないでしょうか？そのような発言の背後には、マネジャー自身の都合や押し付けたい価値観が透けて見えることが多いです。たとえ言葉にしなくとも、自己都合的な考えは周囲に伝わります。誰しもコントロールされたいとは思いませんし、マネジャーのそのような思惑に気づいたときには、部下は抵抗感を示すはずです。

とはいえ、マネジャーの皆さんは、上記のような問題に日々頭を悩ませていることでしょう。そこで、私たちはこのような問題に対して、心の成長の観点から独自のアプローチを提案しています。

　誰もが反応行動を選択することがある点をお伝えしました。つまり、マネジャーだけでなく、部下も反応行動を選択するものです。反応行動は身近な関係であるほど相互に作用しやすいため、部下はマネジャーの行動に反応し、マネジャーは部下の行動に反応するという悪循環に陥りやすい構造にあります。まず、以下の事例をご覧ください。

【反応行動で、マネジャーと部下が悪循環に陥っている例①】
・マネジャーが、会議などで部下の発言が少ないと不満や怒りを抱える。
・部下は、マネジャーの不満や怒りを察知し、失敗を恐れ、発言を控えることを選択する。
・マネジャーは、１on１などで部下の積極性が足りないと指導する。
・部下は、委縮して、さらに発言することを恐れる。
・最終的に、お互いの不信感が増強される。

　喧嘩両成敗というトラブル解決法がありますが、コミュニケーションに関する問題で、マネジャーだけが正しくて部下だけが悪いということはあり得ません。お互いに他責化することで、お互いの不信頼が増強される構造になりがちです。

■課題が発生する真因■

お互い（マネジャーと部下）が作用しあって、反応行動を引き起こしていることに気がついていないから。

　これまでの解説を通じて、マネジャーも部下も無自覚に反応行動を選択

していることが理解できたと思います。しかし、部下はまだ反応行動の構造について知りません。それを伝えるのもひとつの方法ですが、最初は相手の反応行動を変えようとする前に、自分の反応行動を変え、反応行動の悪循環を断ち切ることをおすすめしています。

　反応行動はお互いの関わりによって生じているため、どちらかが反応行動を止めれば、悪循環を断ち切ることができます。また、反応行動はその人固有の欲求や妄想に起因しているため、相手の反応行動を直接的に変えることはできません。エリック・バーンの名言どおり、「他人と過去は変えられないが、自分と未来は変えられる」のです。

　なぜ相手の行動を変えられないかというと、相手は相手の整合性をもって、行動を選択しているからです。これも上司と部下の間で起きそうな悪循環に陥っている事例を使って解説していきます。

【反応行動で、マネジャーと部下が悪循環に陥っている例②】
・マネジャーはスケジュールが埋まり、仕事が手一杯になる。
・マネジャーは時間がないため、雑な指示で部下に仕事を任せる。
・部下は、雑な指示で詳細を把握できないまま自分の解釈で仕事を進める。
・マネジャーは、想定していた出来ばえと異なり腹を立てる。

　上記の悪循環に陥っている例②について、マネジャー視点、部下視点から以下のような声が聞こえてきそうです。

【マネジャーの声・部下の声】
マネジャーの声：「忙しいのだからわかってくれよ！」
　　　　　　　　「この程度の仕事もできないのか！」
部下の声：「指示が雑で詳細がわからないのは困る！」
　　　　　　「しっかり指示をしないマネジャーが悪い！」

このように、マネジャーも部下も、自分の言動に正当性をもって行動しています。

　この状態で、マネジャーが「なぜこんな雑な仕事をするんだ！」と部下を叱責しても、部下は不満を抱えつつマネジャーの指示どおりに仕事を続けるしかありません。このようなやりとりは、双方間の溝を深めるだけで、その部下は消極的になってしまうかもしれません。この悪循環を回避するためには、マネジャーが反応行動以外の行動を選択し、悪循環を断ち切り、部下の反応行動が起こらない環境を作ることが最も効果的だと考えています。

　では、マネジャーはどのような行動を選択すればよいでしょうか？

　研修では、自分の反応行動が周囲にどのような影響を与えているのかを自覚することからスタートしています。具体的には「自分が取りがちな反応行動」を挙げてもらい、その行動が部下にどのような影響を与えているかを考えてもらいます。以下は、受講者の皆さんが挙げた反応行動と、そのときの部下の気持ちを推察したものです（図表2-3-1参照）。

【図表2-3-1　自分が取りがちな反応行動と部下の気持ち】

場面	自分が取りがちな反応行動	部下の気持ち
会議	自分の意見を曲げない	自分の意見を言っても無駄だ！
	自分が全ての情報を知ろうとする	ああ、器が小さいな…
	資料作成や根拠作りを要求する	また無駄な仕事が増えた！
仕事	ミスがないように丁寧に指示する	これぞマイクロマネジメントだ！
	部下に仕事を任せない	いつも忙しそう…声がかけられない
	忙しいとイライラする	機嫌が良いときに報告しよう
面談	部下の意見にかぶせる	面談のたびにやる気が失せる…
	自分の意見をひたすら話す	何度も同じ話…無駄な時間だな〜

　部下の気持ちを言葉にしてみることで、部下の立場で考えることがで

き、自分の反応行動を変えようという意欲が高まります。

　弊社では、自分自身を変えることから始め、それによって他者も変わっていくリーダーシップスタイルを「内省型リーダーシップ」と称しています。内省型リーダーシップは部下を「動かす」「変える」「コントロールする」といった従来の枠組みに加えて、「自分が変わることで部下も変わる」という新しい視点を取り入れたリーダーシップです。

　相手を変えようとするリーダーシップは、期待とともに、相手が変わらない場合に絶望や怒りを感じやすく、反応行動が生まれやすいものです。それに対して内省型リーダーシップは、自分の変化に焦点を当てることで、結果として相手も変わっていくプロセスが形成され、この好循環を生むリーダーシップとして推奨しています。

■研修で伝えていること■

　上司と部下とで起きがちな悪循環から脱却し、自分と周囲にプラスの影響をもたらす第3の選択について解説します。

　反応行動は、闘争反応と逃走反応に分かれます。闘争・逃走反応は、もともと動物が恐怖に対して示す反応行動です。動物は敵に遭遇したとき、「闘う（闘争）」「逃げる（逃走）」「身動きを止める」という3種類の方法で生き延びてきました。そして、人間は強いストレスを受けると、

　①ストレス刺激に立ち向かって戦い問題を解決する

　②ストレス刺激を回避しその場から逃げ去る

　という2種類の反応行動をとるといわれています（1929年にウォルター・B・キャノンが提唱）。

　組織マネジメントの場面では、意図と反する出来事が起こります。このときに、反応的に逃走反応を選択すると、自分の本意とは異なるため、自分にストレスが溜まります。一方で、反応的に闘争反応を選択すると、周囲が委縮して、周囲にストレスが溜まります。これが反応行動を選択した場合のデメリットです。反応行動の悪循環を回避するために、逃走・闘争

反応ではない、相手にも自分にもプラスになる第3の道を選択できるスキルを紹介します（図表2-3-2参照）。

【図表2-3-2　闘争・逃走以外の第3の道とは】

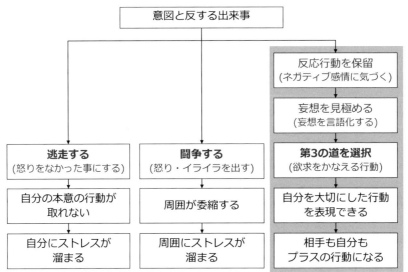

ここからは、第3の道を選択するワークを一緒に体験していただきます。2節で紹介した意図行動と反応行動を活用します。そして、反応行動で満たされるもの・失われるものを明らかにし、その両方を俯瞰して出てくる深層の願いから、第3の道を選択する流れを理解します（図表2-3-3参照）。

【図表2-3-3　第3の道を選択するワーク】

#	対象	問い	事例
Q1	意図行動	あなたが本当はやりたい、意図している行動は何ですか	本当は部下に仕事を任せたい
	反応行動	あなたが無自覚的に選択する、ついついしてしまう行動は何ですか	ついつい自分でやってしまう
Q2	反応行動で満たされるもの	あなたが反応行動を選択した場合に、満たされるものは何ですか	自分でやるとトラブルが起きず、スムーズに仕事が進み、安心できる
Q3	反応行動で失うもの	あなたが反応行動を選択した場合に、満たされなくなるもの（失われるもの）は何ですか	自分でやると、忙しくなり心の余裕が失われ、創造的な仕事ができなくなる
Q4	深層の願い	これまでの問いの回答を振り返ると、自分が満たしたい願いは何だと思いますか	自分の余裕と安心感を大切にして、創造的な仕事をすること
Q5	第3の道の選択	深層の願いを尊重すると、どのような行動が選択できそうですか	部下に少しずつ仕事を任せて、自分一人で没頭できる時間を作る

　以下の問いについて、図表2-3-3の事例を参考に、一緒に演習してみてください。

　Q1：あなたが表出しがちな反応行動を、「本当は…したいけど、ついつい…してしまう」と表現してください。それを、意図行動と反応行動に分けてください。

【意図行動】

【反応行動】

Q２：あなたが反応行動を選択した場合に、満たされるもの（外部の状況・自分の状態・感情）はなんですか。

【反応行動で満たされるもの】

Q３：あなたが反応行動を選択した場合に、満たされなくなるもの/失われるもの（自分の状態・感情）はなんですか。

【反応行動で満たされなくなる／失われるもの】

Q４：これまでの問いの回答を振り返ると、自分が満たしたい願いは何だと思いますか。Q２とQ３の回答を融合して、本当に満たしたい深層の願いを考えてみてください。

【深層の願い】

Q５：深層の願いを尊重すると、どのような行動が選択できそうですか。

【第3の道の選択】

以上が第３の道を選択するワークの流れです。相手を変えるのでも、自分を抑えるのでもなく、自分の視点を変えることで、自分も周囲も満たされる第３の道が選択できます。深層の願いに触れた第３の道が見つかったときは、「これなら安心してできそう」「すんなり実行に移せそう」「楽になりそう」といった感覚が芽生えます。

■受講者の声■

　以下は研修後に、「第3の道を選択するワーク」に取り組み、実際に行動に移した受講者の声です。

・ユーザーとの信頼関係を保つために失敗したくないという恐れから、難しい業務を部下に任せていないことに気づきました。任せられない妄想を突き止め、業務のゴール基準と注意点を伝え、フォロー役としてサポートしました。

・「任せて待つ、過度に聞きすぎない」を試してみると、チームメンバーからの自発的なアウトプットが増えました。

・部下の話を遮らず、結論を先に言わないよう努めました。これにより、部下の考えをより深く理解することができ、部下からの相談も増えました。

・部下が言いたいことを先読みして遮ることがあったのですが、最後まで話を聞くようにしました。想定外の結論も多く、部下の意見や発想を尊重する気持ちが芽生えました。

・自分の強い責任感からの催促が、他のメンバーがリーダーシップを発揮する機会を妨げていたことに気づきました。

・部下への指導は、オブラートに包んで伝えるのではなく、ある程度直接的に行いました。部下は少し戸惑った部分もあったかと思いますが、萎縮することなく受け止めてくれました。過度に気を使うことは、部下の成長の妨げとなることを実感しました。

　受講者の声から、意図行動を選択しても妄想は現実化しないことや、第3の道を選択することは、周囲にもプラスになることがうかがえます。そして、第3の道を実行に移すと、部下とのコミュニケーションがスムーズに進むほど、自分にメリットがあるという好循環を体験できます。反応行動に気づき、保留し、第3の道を選択する習慣を身につけることで、周囲

との関係が改善します。これこそが内省型リーダーシップの実践です。

　ここまでのプロセスを即座に実行するのは難しいと感じる方も多いかと思います。もちろん、習慣化するには時間がかかります。反応行動との向き合い方として、以下のStep 1から段階的に取り組んでみてください。

Step 1：反応行動をしている自分に気づく。
Step 2：反応行動を保留してみる。
Step 3：反応行動と意図行動を言語化してみる。
Step 4：反応行動の背後にある妄想を言葉にしてみる。
Step 5：反応行動の奥にある深層の願いを言葉にしてみる。
Step 6：深層の願いから、第3の道（新たな行動）を選択してみる。

　自分の深層心理にアプローチする研修のように感じるかもしれませんが、強制することはなく、軽いテンポで笑いを誘いながら進めていきます。

■内省型リーダーシップを発揮するための実践ガイド■

> 体の反応や妄想の存在に気づき、習慣的に選択している反応行動と異なる行動を取ってみる。

　内省型リーダーシップが発揮できるようになると、自分自身が変わることで他者の行動も変わり、自然と周囲との関係性が向上していくという好循環が生まれます。次第にコントロール型のリーダーシップから脱皮し、権力や論理力を駆使して他者を変えるのではなく、より柔軟なリーダーシップが発揮できるようになります。

　実は、この柔軟なリーダーシップは、相対主義型・多元主義型知性（発達段階4.5）の特徴でもあります。この段階の特徴として、自分の価値基準を持ちつつ、他者との対立が生じた際には、自分の価値基準を捉えなお

す姿勢を持つと伝えました。第2章2節・3節では、反応行動・想定（妄想）・感情・自分の欲求（生存本能）などを使って、自分の価値基準を捉えなおす訓練方法を紹介してきたのです。

　現代のビジネスシーンでは論理的思考が強調されがちですが、発達段階4.0を超える段階では、反応・感情・直感といった身体知も重要になってきます。

2−4 成人発達理論を応用した人材育成

■研修で伝えていること■

　これまでは、マネジャー本人の成長の視点で解説してきましたが、最後の節では、成人発達理論を応用した部下の人材育成について触れていきます。
　まず、発達促進には、以下の3つの要素が必要だといわれています（図表2-4-1参照）。

【図表2-4-1　発達促進のための3つの要素】

適切な機会	「適切な機会」は、自分の価値観が揺らぐような体験のことです。今まで、自分の中のルールでうまくやってこれていたことが、うまく進まなくなり、自分のやり方・考え方を変えないといけなくなるような機会を意味します。
内省支援	「内省支援」は、個人が自己の感情や考え、行動を深く理解し、自己認識を高めるためのサポートを意味します。対象者に問いかけてみたり、自分の内面を文章にさせてみたりすることで新たな気づきを導く支援を意味します。
適切なサポート	「適切な支援」は、対象者が発達促進できるように、発達のサインを読み取り、次の発達に向けた課題を提供し、揺れ・迷いを受けとめる役割を担います。

　1つ目の要素は、「適切な機会」です。これは、自分の価値観が揺らぐ

ような機会・体験を指します。自分の価値観や常識が通用しない機会に直面することで、自分の捉え方や考え方を見直すきっかけになります。例としては、初めて後輩を持つことが挙げられます。それまでは自分の意志で自分を動かせばよかったのですが、意思を持った他者を動かすという複雑性が増すため、発達を促進する要因になります。後輩育成の経験がない状態でマネジャーの役割を担当すると、失敗するリスクが高まる可能性があるため、企業は従業員の成長段階に応じた計画的な機会提供が必要だと考えています。

　2つ目の要素は、「内省支援」です。内省とは、自分の感情、思考、価値観、動機などを認識し、深く理解することです。その際、これまで正しいとしてきた捉え方や考え方が変わる可能性が増えます。マネジャーは、部下に振り返りの機会を提供したり、対話の時間を持ったり、ときには厳しいフィードバックをすることなどで、内省のサポートができます。

　3つ目の要素は、「適切なサポート」です。対象者が適切に発達促進できるように、発達のサインを読み取り、新しい発達課題を提供します。対象者の日常を観察し、定期的に1on1を実施してサポートします。特に、発達段階が上昇する時期には、これまでの価値観が揺らぐ体験が増えるため、対象者の揺れや迷いを受け止め、ときには一時的な仕事のパフォーマンス低下を容認して励ますことも重要です。

　また、発達は直線的ではなく、図表2-4-2のように曲線的なプロセスで起こるといわれており、対象者の状況によってサポート方法を変える必要があります。

【図表2-4-2　発達段階が向上するプロセス】

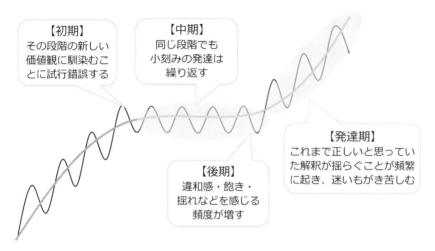

【初期】
その段階の新しい価値観に馴染むことに試行錯誤する

【中期】
同じ段階でも小刻みの発達は繰り返す

【後期】
違和感・飽き・揺れなどを感じる頻度が増す

【発達期】
これまで正しいと思っていた解釈が揺らぐことが頻繁に起き、迷いもがき苦しむ

　発達初期は、新しい発達段階への適応期といえます。この段階では、まだ新しい価値観に完全に馴染めていないため、試行錯誤を繰り返しながら前に進みます。例えば、これまでスペシャリストとして活躍してきたメンバーが、個人の限界を感じ始め、周囲との連携を重視し始めることになる時期です。経験がまだ少ないため、新しい知識を獲得するための研修や読書による学び、経験豊富なマネジャーからのアドバイスが有効です。

　発達中期は、新しい段階の価値観を深める時期です。この段階では、表面上は安定しているように見えますが、実際は細かな揺れや迷いが生じながら成長しています。発達中期では、その段階を味わい尽くすことに集中できる環境の提供などが必要になってきます。

　発達後期では、現在の段階に対する違和感・飽き・揺れなどの感情が生じ始めます。この段階の特徴として、現状に対する満足感はあるものの、深い充実感が欠けていることが挙げられます。こうした違和感や飽きは、

次の発達段階への移行の兆しとなります。この時期には、マネジャーの内省的サポートや、１on１での深い対話が重要となります。

　最後に発達期の解説です。この段階は、これまでの解釈や価値観が揺らぐことが頻繁に起き、迷いもがき苦しむ時期になります。この時期は非常に辛く、出口が見えない暗闇をさまようような感覚に陥ることがあります。マネジャーとして重要なのは、焦らずにその人の迷いや揺れを受け止め、部下の発達促進を焦らずに待つことです。心の不安定さを感じる場面も増えるため、カウンセラーなど専門家との連携を取り入れたサポート体制の構築が必要になることもあります。

　また、部下の発達過程を見極めて、マネジャーのアプローチ方法を変えることが大切です。また、各発達段階における成長支援として、「味わい尽くす体験を提供する」「次の段階への移行に向けた体験を提供する」の２つの時期に分けて、仕事の与え方・マネジャーの関わり方の視点で情報を提供します（図表２-４-３参照）。

【図表２-４-３　各発達段階における成長支援】

発達段階	味わい尽くす体験の提供		次の段階への移行に向けた体験の提供	
	仕事の与え方	マネジャーの関わり方	仕事の与え方	マネジャーの関わり方
3.0 新入社員 若手社員	・職場間異動・職務拡大・チーム一員としての成功体験 ・小さな挑戦をさせる	・仕事ができていることやチーム貢献への承認をする ・挑戦の成功を褒める	・自ら考え、発言することを誘導する ・社外・職場外コミュニティへ参加を促す	・強み・専門性・ユニークさを伝える ・自分の専門性を磨く、自己啓発の支援
3.5 中核社員 スペシャリスト	・専門性が必要な仕事を任せる ・専門性が高いメンバーとの仕事の機会	・専門性を磨ける時間を提供する ・専門性発揮ができる機会の提供・承認	・プロジェクトリーダーへの任命 ・マネジャーと一緒に方針を策定する	・プロジェクト・後輩育成失敗を許容し、じっくり内省させる
4.0 マネジャー 役員	・仕事のゴールを明確にし、ゴール達成への手段は任せる	・ゴール達成時の承認や報酬を付与する ・経営理論を学ばせる	・仕事のゴールや達成基準が曖昧な仕事やプロジェクトを委任する	・過度に自己正当化をしてないか？を問う ・部下の立場を考えさせる

　発達段階3.0では、周囲との調和を重視し、適応能力が高い一方で、自分の核となる価値観や専門性は明確ではありません。そのため、他者からの評価や承認を求める傾向が強くなります。マネジャーとしては、この段階の部下に対しては、彼らの経験を豊かにするための承認や賞賛が効果的です。また、次の段階への移行をサポートするためには、部下の強み・専門性・ユニークさなどを伝え、自己理解を深めるサポートが必要です。職場や職種を変える機会を提供することも有効で、異なる組織や職務への適応を通じて、自分の強みや専門性を発見できるように支援してください。

　発達段階3.5では、自分の専門領域が明確になり、自己主張もできるようになる一方で、組織全体の視点や長期的な視野は不十分です。この結果、専門性への固執が強くなる傾向があります。マネジャーとしては、部下がその専門性を十分に学び、発揮できる環境や機会を提供することが求められます。さらに、次の発達段階へ進むためのサポートとしては、組織マネジメントの実体験をさせることや、長期的なビジョンを持たせるための機会提供が効果的です。この時期は、本人が学びたい専門領域を磨かせる必要があり、ある程度の裁量を与え自由にさせることが大切です。しかし、専門性へのこだわりから限度以上の仕事に着手してしまうため、業務の優先順位を伝えることや、業務の負荷を調整することもマネジャーの重要な役割となります。

　発達段階4.0では、包括的・網羅的な思考ができ、ありたい姿が描けるようになるものの、なりふりかまわず働き、部下を管理して、マイクロマネジメントしてしまいがちになります。ゴール達成に向けた武器がほしい時期であるため、ビジネススクールなどで学ばせるなどの機会提供が効果的です。さらに、次の発達段階へ進むためのサポートとして、ゴールを定めにくい新規ビジネス創造に携わることや、逆に自分をじっくり見つめなおすための長期休暇などが有効です。

部下の発達段階を見極めて、マネジャーのアプローチ方法を変えていきましょう。

　ここまで、成人発達理論を基にした人材育成のアプローチ方法をご紹介しました。この節で紹介した人材育成の視点を、一つの考え方として取り入れることで、人材育成の手法の幅を広げる一助となりましたら幸いです。

コラム

体の反応を直接的に緩和する方法

　第2章では、「体の反応」に焦点を当てました。私たちは、反応を緩和するためのワークをいくつか開発しましたが、ここでは直接体に働きかけることで「体の反応」を緩和するワークを紹介します。

　このワークは、私が参加したワークショップで教わったことを基本にしています。そのとき受講した体験を元に創り出したワークを、今回はさらに単純化して紹介します。

　ワークの流れは以下のとおりです。「意図行動」と「反応行動」を言葉にする部分は変わりません。

Step1：反応行動の背後にある、起きると妄想している最悪のシナリオのイメージを思い浮かべてください。

Step2：その最悪のシナリオのイメージを増幅させたとき、体に起きる反応に気づいてみてください。

Step3：その体の反応について、反応が大きい部位と、その反応を擬音語で表現してみてください。

Step4：反応が大きい部位に、擬音語で表現した言葉を、何度も、浸み込ませるように唱えてください。

Step5：その反応の部位が変わったり、感覚が和らいだりしたら教えてください。

Step6：その部位が変わった場合は、Step3に戻って、Step3〜5を繰り返してください。感覚が和らいだり、遠のいたりした感覚があれば、ワークは終了です。

　例えば、Step3で「肩がズシンと重い」という感覚があった場合、Step4で声に出して、「ズシン…ズシン…」と、ゆっくりその部位に浸み込ませるように唱え、その部位の感覚が変化するまで続けます。その部位の感覚が緩和して、他の部位に移った場合はStep3に戻り、Step3〜5を繰り返します。

　移動した先の部位の感覚も緩和して、他の部位も感覚が気にならなくなったら、最初に思い浮かべた最悪のシナリオを想像します。そうすると、体の反応が弱まっていて、妄想の感覚も薄くなっているはずです。このワークを実践した方は、「あれ？」とすっきりした表情になります。妄想は体に宿っているため、直接緩和する方法が本ワークの特徴です。

第3章

. . . .

方針の策定と展開

■現場が抱える課題■

　マネジメント研修や評価者研修を実施すると、一定の割合で「会社の方針があいまい」「明確な優先順位づけがされていない」という声があがります。この節では、この問題を解消するための考え方について触れていきます。

　PDCAサイクルの定着を促進するために、我々は「MG-PDCAサイクル」という概念を提唱しています（詳しくは第4章で解説）。このアプローチでは、Planを策定する前工程で、上位方針が掲げているMissionを咀嚼し、会社がどのような方向性で進もうとしているかを理解したうえで、自部門のありたい姿＝Goalを掲げてもらいます。Goalと現状のギャップを埋める方策を考えることがPlanだと解説し、PDCAサイクルの前に「MG」を加えて、MG-PDCAサイクルは未来を創造する経営システムだとお伝えしています。

　MG-PDCAサイクルの学びの冒頭に、上位方針＝Missionの咀嚼方法を学び、その企業が掲げている方針書を使って方針を咀嚼する演習を実施します。自社の方針書を読み込むと、「明確な戦略がない」「方針があいまい」という声があがることがあります。

　では、どのような方針を出したら「戦略がある方針」になるのでしょうか？MG-PDCAサイクルでは、明確なMissionが展開されないと、Goal設定や、Plan策定ができません。MG-PDCAサイクルを回していくためには、「戦略がある方針」が存在することが前提であるため、方針の描き方・表現の仕方はとても重要な要素になります。

　まず、あいまいな方針を展開するとどうなるのかについて事例を紹介します。ある会社の営業部長が、「今年は営業元年のつもりで頑張れ！」という方針を掲げていました。その年度の一般社員の業績評価シートを確認

すると、「営業元年として営業に尽力する」という目標が設定されていました。私はこれを見て、どのような実行をするつもりなのだろう？何ができたら高い評価をもらえるのだろう？と多くの疑問が頭をよぎりました。

方針があいまいな場合、現場の社員は自分にとって都合の良いように解釈し、単に過去のやり方を繰り返すことが多くなります。方針は新しい取り組みを促すための指針のはずですが、あいまいな方針は結果として過去の手法の継続を促すのみになってしまいます。

■課題が発生する真因■

> 方針や戦略の明確な定義がなく、方針の出し手があいまいな方針を出していることに気づいていないから。

方針や戦略といった概念的な言葉は、出し手と受け手の解釈の違いが生まれやすいものです。「明確な戦略がほしい」「方針があいまいで困っている」と現場サイドが主張しても、方針の出し手からは「戦略や方針は、しっかり明示している」といった答えが返ってきそうです。

こうした解釈の違いが生まれないように、方針や戦略の定義づけをしっかりとしておく必要があります。

我々は、現場が目標設定しやすいように、方針や戦略を以下のように定義づけしています。

> 方針とは、時間という経営資源の再配分を伝えるツール
> 戦略とは、新しいお客様・新しい商品/サービスを明らかにすること

このような定義づけをした背景をお伝えします。

方針は何のためにあるのか？と研修で確認することがあります。「方向性を一致させるため」という回答が一番多いですが、それならば「営業を頑張ろう！」という方針でも方向性は一致すると思います。私は、経営資

源の再配分、特に現場が時間を再配分しやすい（＝行動に移しやすい）方針であること、つまり今（Before）と将来（After）の違いを明示することが大切だと伝えています。そして、行動を明確に変えてもらうために、将来（After）のどのような時間を増やし、今（Before）のどのような時間を減らせばよいのかを示すことが必要だと考えました。

　現場が行動に移しやすい方針とは何かを考えていきましょう（図表3-1-1参照）。

　「持続可能な未来を創造」「学び続ける組織」などはスローガンだと解説しています。スローガンだけでは、具体的な行動を移すことは難しいです。

　また、売上10億円、利益1億円などの数値目標だけでは現場はどこに向いて進めばよいかわかりません。どこに向いて進んだらよいかを知らせるために、新しいお客様・新しい商品/サービスを明らかにする戦略が必要です。数値目標と戦略があれば、どこに進んだらよいか、それはどれくらいの高さのハードルなのかがわかります。

　加えて、戦略の実現に向けた重点課題（戦術ともいえるでしょう）を明記すると丁寧です。

【図表3-1-1　現場が動きやすい方針とは】

項目	定義	現場での実行しやすさ
スローガン	企業・組織の理念や、活動・運動の目的、求める姿勢など、簡潔に言い表したもの	スローガンを意識することにより、心掛けの変容は可能であるが、現場の時間配分の指針にはならない。
環境分析	戦略を導くために、企業を取り巻く環境を整理したもの	内部環境と外部環境に分けて整理することで、自社の戦略が導かれた背景が把握できる。
数値目標	売上高・利益額などの、到達すべきゴールの高さを示したもの	数値目標だけでは、方向性を一致させた時間配分はできない（数値目標だけでは、単なるノルマを課すだけにとどまる）。
戦略	新しいお客様・新しい商品／サービスを明らかにしたもの	「数値目標」に加えて、「戦略」がはっきりしていると、達成イメージが湧きやすく、現場の時間配分の指針になる。
重点課題	ありたい姿の実現に向けて、解決すべき課題を明示したもの	「戦略」「数値目標」に加えて、「重点課題」が設定されていれば、現場で何をすべきかが明確になる。

　一般的に、方針は出さないといけないという固定観念があるように感じています。そのため、ここではあえて「戦略は明示しない選択肢もある」「戦略を明確にしたくない理由」という2つの点について考察を加えます。

　「戦略は明示しない選択肢もある」場合に関して、ある会社の事例を紹介します。

　その会社は、スローガン的な全社方針を出していました。社長に「方針があいまいです」と誰も言えないため、どこかの階層が戦略を考えるだろうと方針が展開されていました。まず、部長研修で誰が戦略を策定するのか問うと、「戦略は課長が考えるべき」と言います。しかし、課長研修で同じことを質問すると、「戦略は部長に考えてほしい」と返ってきます。このような戦略策定のたらい回しが起きており、実際には、戦略を明記した方針がなくても会社は動いていたのです。

　個人的には、方針の策定・展開が必要ない企業もあると思っています。既存のビジネスモデルで利益を出せていれば、新たな戦略が必要ない会社もあるでしょうし、現場サイドに近いところで顧客の創造ができているビジネスであれば、戦略的な方針よりも、現場が動きやすい組織づくりに尽力すべきです。多くの企業が、方針を作らなければならないという固定観念に取りつかれていると感じます。

　成長している上場企業の中には、中期経営計画も年度方針もない、あるのは翌月の目標だけという企業もありました。現場の提案活動で新しい商材の開発ができる資材メーカーでしたが、経営の要点を抑えていて現場に無駄なことをさせない配慮があるなと感心しました。その企業は毎年成長を重ね、株価も高位安定しています。

　続いて、「戦略を明確にしたくない理由」について解説していきます。

　戦略は、新しいお客様・新しい商品/サービスを明らかにすることであり、仮説です。仮説であるため、実行してみないと成功するか、失敗する

かはわかりません。つまり、戦略を明確にすることは、失敗のリスクを伴うことを意味します。

【戦略が掲げられている方針の事例】
・新しくインドネシアに工場を作って、南アジアのシェアを20％から35％に向上させる。
・新しくカーボンニュートラル関連に10億円の投資をして、A製品のCO2排出をゼロにする。
・既存の製品に、付帯サービスをつけたサブスクリプションのビジネスモデルを確立する。

　上記は、戦略が掲げられている方針の事例です。現場にとっては、どこに向かえばよいか、どのような開発をすればよいかがはっきりわかります。一方で「インドネシアに工場を作ったはいいが、全く商品が売れなかった」「カーボンニュートラル関連に投資したが、他社も同じような投資をしていて差別化が図れなかった」など失敗のリスクは常にはらんでいます。
　経営者の役割は、実現可能性が高い戦略を描くことですが、失敗を回避するために、失敗がない＝あいまいな方針を掲げたくなります。戦略を明確にすることには、失敗を受け入れる度量が必要なのです。また、方針策定のプロセスで議論を重ねると表現が抽象化されるため、方針について議論することはあまりおすすめできません。

【戦略が掲げられていない方針の事例】
・営業の強化、新規ビジネスの創造（仮説ではない＝当たり前すぎて、失敗がありません）
・人財育成の強化（こちらも失敗がありません。個人的には、人材の材を財と表現している会社ほど、人材育成に関する具体的な施策を

展開していないケースが多いと感じています）
・コンプライアンスの遵守（仮説が外れることがないため、安心して
掲げられます）

　上記は、戦略が掲げられていない方針の事例です。あいまいな方針を見
極める方法は、掲げられた方針を裏返しの表現にしてみることです。例え
ば、「営業の強化」の裏返しは「営業の弱体化」、「人財育成を強化する」
の裏返しは「人財育成から手を引く」という表現になるでしょうか。裏返
しの表現が成り立たないということは、仮説になっていない、選択と集中
がなされてないことになります。選択と集中は、捨てることでもありま
す。何かをやめる、捨てることは勇気が必要ですが、とても大切な意思決
定です。
　「戦略を明確にしたくない理由」は、方針の出し手の無自覚な自己保身
です。方針の出し手に、「あなたは無自覚な保身をしています」とは誰も
言えないため、この問題は放置されたままになります。
　毎年、あいまいな方針を策定・展開し続けている会社もあります。方針
策定や展開が形骸化しているにもかかわらず、毎年１月になると方針策定
をスタートさせ、会社から時間という経営資源を大量に奪ってしまってい
ます。

　よく考えると、「そろそろ年度方針策定の時期だから、年末年始に戦略
を考える」という発想そのものが戦略を軽視している証拠です。本来は
24時間・365日考え続けることで、新しいイノベーションが生まれます。
素晴らしく優位性のある戦略がひらめいたときは、居ても立ってもいられ
なくなるはずで、方針は、戦略を思いついた瞬間に出せばよいはずです。
毎年定期的に出される方針は、おそらく魅力的な戦略が入っていません。
戦略は議論して決めるというよりも、一人がありたい姿をシミュレーショ
ンしたときに、突然ひらめくものだと考えています。

■研修で伝えていること■

「方針とは、時間という経営資源の再配分を伝えるツール」「戦略とは、新しいお客様・新しい商品/サービスを明らかにすること」だとお伝えしました。

ここからは、研修でどのようにお伝えしているかを解説していきます。

まず、企業は永続すること（ゴーイングコンサーン）が究極の目的だと伝えています。そして、将来の永続可能性を高めるために、現在創出した利益を、将来に向かって投資することが必要だと伝えています。その投資先を経営層が決めて、示したものが方針です（図表3-1-2参照）。

【図表3-1-2　企業の永続と方針の関係】

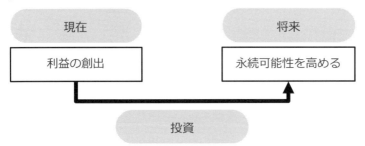

現場のマネジャーは、気軽に人・モノ・金の投資ができない中で、一番コントロールできる経営資源は時間です。そのため、方針は現場を預かるマネジャーが、時間という経営資源を、どのように再配分したらよいか判断するための基軸になります。

続いて、方針には基本的に何かをやること＝時間を費やすことのみ記載していると思いますが、同時に削減する業務も記載することをおすすめしています。労働時間は限られた経営資源であり、さらに労働時間の削減が叫ばれている昨今は、減らす時間もしっかり伝える必要があります（図表3-1-3参照）。

【図表３-１-３　時間配分の指針が伝わる方針】

方針によって現場の
時間配分を変える

新しい施策に
時間を割く

既存の
ビジネスの
時間を減らす

＜現在＞　　　　＜これから＞

　研修では、実際に追加する業務と、削減する業務を絞り込んでもらいます。現場からは、「削減する業務がない」という声があがりますが、これはありたい姿がなかったり、優先順位づけができていなかったり、選択と集中ができないことを証明しているように見えてしまいます。

　方針を伝える手段は、長文になりがちなWordや、概念的になりやすいPowerPointは避け、以下のようなExcelの表で示すことをおすすめしています（図表３-１-４参照）。この書き方で表現すると、方針書はExcelのＡ４サイズ１枚程度で表現できるため、方針書作成の時間を短縮できるメリットもあります。また、方針は時間という経営資源の再配分を伝えるツールだとお伝えしましたが、図表３-１-４のように時間の概念を織り込むことをおすすめしています。投資および削減の時間が算出できるということは、方針が具体化されている証拠であるとも考えています。

【図表3-1-4　方針は表で伝える】

	現在 （既存のビジネス）	これから（3年後など） （新しい施策）
顧客軸	国内のファミリー層向けの商品 アイテム数は縮小する 【年間10,000時間程度の削減】	高齢者向けの商品を拡充する 【年間2,000時間程度の増加】 中国のEC市場で拡販する 【年間8,000時間程度の増加】
商品・ サービス軸	健康食品の商品開発は控える 【年間8,000時間程度の削減】	アンチエイジング商品に投資を 集中する 【年間8,000時間程度の増加】

　研修では、自社の方針書を読み解き、図表3-1-1にある数値目標・戦略・重点課題の記載があるか否かを確認し、どの階層で戦略を明確にするべきなのかを議論・設計してもらっています（図表3-1-5参照）。もし、あなたが戦略の策定や展開に携わっており、全社的にあいまいな方針が展開されている場合は、一度戦略は誰が設計するのかを経営層と議論してほしいです。

　しかし、現状、戦略的な方針を掲げられていない場合、戦略が掲げられていないと批判しても、方針策定をした本人も困ってしまうでしょう。その場合は、「私が案を作りますので、一緒に考えてください」と依頼してみましょう。

【図表3-1-5　方針を読み解く演習】

「全社方針」「部門方針」「部署方針」を読み解いて、「数値目標」「戦略」「重点課題」の「記載がある」「記載がない」かの判別（○×の記入）をしてください。

方針	定義	全社方針	部門方針	部署方針
数値目標	売上高・利益額などの、到達すべきゴールの高さを示したもの			
戦略	新しいお客様・新しい商品／サービスを明らかにしたもの			
重点課題	ありたい姿の実現に向けて、解決すべき課題を明示したもの			

■**受講者の声**■

　事業部長含めて50名弱のマネジャーが集まって、戦略の実行を進めるために「削減する業務を決める」ことについて対話した研修の声を紹介します。方針書に70,000時間/年間の削減をうたい、実現するための施策を考えました。研修時間内で、55,000時間/年間の削減施策を考え、研修後、その実行に着手しました。

【「削減する業務を決める」研修受講者の声】

・削減する業務を決めないまま戦略を実行すると「戦略が浸透しない」か「現場の工夫に頼る」になることがわかりました。
・やめることを考えることは、チームの裁量でやるには限界があるため、主要メンバーで対話をすることで、新しい着眼がでてきて面白かったです。
・選択と集中において、「やること」と「やめること」をセットで考えるという、ごく当たり前のことが意外に意識されていないという現実が改めて浮き彫りになったと感じました。

■内省型リーダーシップを発揮するための実践ガイド■

> マネジャーの役割として、やめることや捨てることも意思決定する。

　これまで多くの会社の方針書を見てきましたが、やめることを記載している方針書はありませんでした。方針の中にやること＝時間が増えることだけ記載して、やめることが記載されていない場合、戦略の実行に関して、現場は以下２つのどちらかを選択していると推察されます。

選択肢１）方針が掲げられるものの、戦略の実行には着手できず、過去からやっている日常業務を継続する。
選択肢２）方針に掲げられた戦略の実行のために、誰かが密かに業務を減らしている。

　先ほども触れましたが、選択肢１）になっている企業は、方針を出さないことにして、日常業務に集中した方が業績向上を図れそうです。また、方針策定や計画入力の時期に、社内業務が忙しすぎて、外に行けないという声を聞きますが、付加価値を生まない仕事は極力排除すべきだと考えています。

　選択肢２）になっている企業は、推察になりますが、課長・係長クラスが、密かに業務を吸収・削減しているのではないかと思います。この場合、密かにやるのではなく、公に方針として掲げて実行した方が効率的に思えます。仕事を減らす方針（＝業務の優先順位付け）は、事業部長・部長クラスの役割だと思いますので、その役割を規程や等級基準書に明示した方が良いと考えています。戦略の実行を促進するために、CDO（Chief Danshari Officer）、仕事を断捨離する最高責任者を置くのも１つの案です。

　最後に、以前研修を実施した会社で、１年間かけてじっくり中期経営計

画を策定していたら、その間に急激に環境が変わり、再度戦略を練りなおす事態になりました。VUCA時代に大切なものは、戦略の策定に過度に時間をかけず、現場の実態を観察・把握し、すぐに仮説を立てて、実行するまでの時間を短縮することです。きれいな方針書にまとめている時間はありません。方針の策定・展開の定着化を図るより、権限移譲や資料作成を求めない文化の醸成が今の時代にはマッチしているといえるでしょう。

3-2　方針の展開方法

■現場が抱える課題■

　経営者から「私が伝えた方針が、どうやら現場まで届いてないように感じる」という相談を受けます。

　ある上場企業の社長から同様の相談を受けて、一度調査したことがあります。

　調査内容は、全社方針・部門方針・課長の目標設定シートを、巨大な紙の上に貼り、その連動性を部長層・課長層・一般社員層にインタビューしながら確認しました（図表3-2-1参照）。方針を貼り付けた紙をたどりながらインタビューをして、方針の連動性について確かめていきました。

　特徴的なインタビューの内容は、以下のとおりです。

> ある部長：「あ、中期経営計画を意識して方針を策定していませんでした（初めて気づいたようでした）」
>
> ある課長：「実は困っています。部長が部方針をメールで展開してくれるのですが、課長4名が集まって、部長が何を言わんとしているのかを推測しているのです（聞けばいいのに）」
>
> ある一般社員：「方針展開どころか、課のミーティングがほとんどありません（それはかわいそう）」

という実態が明確になり、いたるところで方針の分断が起きていることがわかりました。

【図表 3 - 2 - 1　方針展開を分析した事例】

■課題が発生する真因■

> 方針展開のプロセスで、捉え方の違いが生じることに気づいていないから。

　第 1 章で解説しましたが、「いぬをかいてください」と依頼すると、犬を絵で描く人・文字で書く人がいます。「いぬをかいてください」というシンプルな指示ですら解釈の違いが生じるため、方針のような複雑な概念は大きな解釈の違いが生まれそうです。

　人の数だけ捉え方が存在するため、解釈の違いは生まれて当たり前ですが、そのことを意識しないで方針展開しているケースが多々あります。

・社長が全社方針を社員総会や動画で伝える。
・部長が部方針を会議やメールで伝える。
・課長が課方針を会議や目標設定面談で伝える。

　上記のような方針展開のほとんどは、一方通行のコミュニケーションで終わっています。一方通行のコミュニケーションでは、それぞれで捉え方の違いが発生します。方針・指示は、各々がどのように捉えたのかの確認が一番重要ですが、この大切な過程を省略してしまうために、方針展開の分断が起こるのです（図表3-2-2参照）。

【図表3-2-2　方針展開後に捉え方の交換をする】

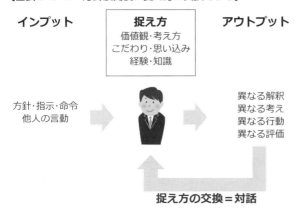

　本節の冒頭で紹介した会社では、階層をまたいで捉え方の交換をする研修を実施することにして、まず、人事部門で模擬研修を行いました。人事部長は人事メンバーにしっかり方針を伝えていたのですが、皆さんがどのように解釈したのかを演習してもらったところ、人事メンバーに部長の想いが全然伝わってないことが判明し、その後1時間30分ほど部長の方針解説が止まらなかったことがありました。

　マネジャーの情報と部下の情報、マネジャーの視座と部下の視座には違

いがあるため、お互いの捉え方の交換を通じて、解釈の溝を埋めることが大切です。この時間は、情報格差を埋め、視座の格差を埋める人材育成の時間ともいえます。

　研修は、方針展開の場として設計しました。通常は、役員クラス・部長クラス・課長クラスなど階層別に研修を実施しますが、この研修は部門別に、役員クラス・部長クラス・課長クラスに同じテーブルに座ってもらいました。役員・部長が方針を伝えて、方針について意見交換をする場を設計するためです。

　会社のありたい姿を共有し、お互いの認識の違いを埋めたり、重点課題の共有を行ったりして、部長同士・課長同士の連携を深めます。また、方針の浸透だけでなく、現場の状況や部下からのアイデアを拾うことにも気を配りましょう。この場で、やめることを提案することもおすすめです（図表3-2-3参照）。

【図表3-2-3　方針展開の場の設計】

　対話の場では、役員を中心に座ってもらい、部長・課長の皆さんに役員を囲んでもらいました。役員が方針を説明し、部長・課長がそれを聴いて

解釈したことをシートに記入し、その内容が役員の意図と合致していたら合格、合致していなかったら再度方針の解説・シートの書き直しをして、合格がもらえるまで繰り返しました（図表3-2-4参照）。

　このように、方針を策定する時間以上に、階層をまたいだ方針展開の時間をつくるべきだと考えています。

【図表3-2-4　方針展開の場の風景】

　どうして解釈の違いが放置されたままになるのでしょうか。それは、「わかったふり方針展開」が横行するからだと推察しています。「わかったふり方針展開」は、上司に質問したり、確認したりすることは悪いことだと勝手に思い込んでいることが原因で起こります。これは、部下から上司に質問・確認すると、上司から「理解していないと指摘される」「わかっていないと評価が下がる」などの妄想から上司に確認しないで済ませることをいいます。部下の立場としても、質問・確認しても、「どうせ上司から明確な回答がおりてこない」「質問することで仕事が増えたら困る」などの思惑があるのかもしれません（図表3-2-5参照）。

　このような妄想から生じる無自覚な反応行動は、方針展開の場面でも悪さをするのです。

【図表3-2-5　「わかったふり」の方針展開】

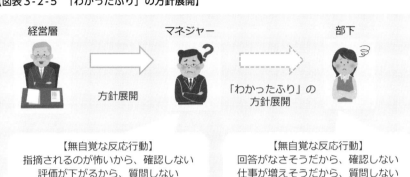

【無自覚な反応行動】
指摘されるのが怖いから、確認しない
評価が下がるから、質問しない
そもそも、方針に意義を感じていない

【無自覚な反応行動】
回答がなさそうだから、確認しない
仕事が増えそうだから、質問しない
そもそも、方針は気にしない

■研修で伝えていること■

　前の節で、「方針とは、時間という経営資源の再配分を伝えるツール」「戦略とは、新しいお客様・新しい商品/サービスを明らかにすること」だとお伝えしました。これらを応用した捉え方の違いを埋めるシートを開発しました。

　既存のビジネスをA（Before）、戦略的な方向性をB（After）として整理してもらいます。

A＋（前期の重点課題の改善）：既存のビジネスに改善を加えること
　　　　　　　　　　　　　　　（既に着手している施策）

B（戦略的な重点課題）　　　：上位方針で掲げられた戦略的な重点
　　　　　　　　　　　　　　　課題（新たに着手する施策）

A－（業務の削減・効率化）　：新しく増える業務に対し、その分減
　　　　　　　　　　　　　　　らす業務として決めたこと

　上位方針を咀嚼して、解釈したものを、図表3-2-6の捉え方を見える化するワークシートに記入してもらいます。完成したら、上司に確認して

もらうという演習を実施しています。上司の認識と異なる場合は、上司からアドバイスが受けられるため、お互いの解釈の溝が埋まります。加えて、この演習を通して、部署方針のたたき台が完成します。部署方針の示し方も、これぐらいシンプルでよいと思っています。

【図表3-2-6　捉え方を見える化するワークシート】

記号	解説	目標項目（何を）	達成基準（どこまで）	優先順位
A+	前期の重点課題の改善	1. 2.	1. 2.	（　） （　）
B	戦略的な重点課題	1. 2.	1. 2.	（　） （　）
A−	業務の削減 業務の効率化	1. 2.	1. 2.	（　） （　）

■**受講者の声**■

　実際は、A−を決めることは難しいという声があがります。やめることを決められないのは、ありたい姿がなかったり、優先順位づけができていなかったりするからと伝えました。研修の事後課題の実践では、やめることを決められるのは部長クラスが多いです。課長クラスはやめることを決める権限がないと思っていたり、やめることに慣れていなかったりするのかもしれません。

　A−を掲げた事例は以下のとおりです。過去形になっているものは、事後課題を提出するまでの期間で、業務の削減・効率化を実行した事例です。経営層がやめることにコミットメントすると、断捨離のスピードが速くなります。

　・経営層に対する説明資料の削減を図る。
　・研究開発部門の成熟領域は、開発対象を○○にシフトする。

・〇〇事業の低利益率案件の下位20％は撤退を進める。
・見積書を営業が作るのをやめ、営業は提案営業に集中するように事務職の活用を図った。
・〇〇・〇〇業務について、技師派遣の必要性の見直しを行った。
・ISO内部監査の効率化のためセルフチェック監査を導入し、実監査を半数に削減した。

　A−は一人だと決めにくいですが、集合してアイデアを出し合うと決められるものです。

■**内省型リーダーシップを発揮するための実践ガイド**■

> **方針や指示は伝わっていないという前提で、どう捉えたのかを確認する。**

　一方通行のコミュニケーションでは、解釈の違いが生まれます。これにより、相手が自分の意図とは異なる解釈で動く可能性があるため、できる限り捉え方の交換をする時間を持ちましょう。

　日常のコミュニケーションでは、「私はこのように進めてほしいと思っているけど、具体的にはどう進めるイメージなのか」と確認したり、「私はこのように指示したけど、いつまでにどのようなアウトプットを出す予定なのか」と確認したりするだけでも捉え方の交換は進むと思います。

　方針展開をする時は、ぜひ対話の場を作ってください。できれば１泊２日程度で合宿をして、方針を伝えたり、質問を受けたり、アイデアを出し合ったりするとよいでしょう。合宿の最後に業績評価シートの目標設定まで終えられれば効果的だと思います。もちろん、業績評価シートの目標設定は上司の合格がもらえるまで対話を行います。

　第１章では、ありたい姿を部下と共有することで、部下の自主性を引き

出せるとお伝えしました。対話の場でありたい姿が明確になることで、部下が自主性をもって推進する力をつけることができ、対話を通して新しい情報を付加することで人材育成にもつながると考えています。

3-3 方針展開の実務

■現場が抱える課題■

ある企業で方針の策定・展開研修を実施しました。その時に、研修企画の担当者から、実際に方針を策定するときに、今回の学びを忘れず意識させるためのよい提案はないかと意見を求められました。

■研修で伝えていること■

研修の企画担当者との協議のうえ開発したものが、方針策定・展開チェックシート（図表3-3-1参照）です。

工夫したことは、方針書と一緒にチェックシートを提出してもらうこと、そして本人チェック欄に加えて、上司のチェック欄も設けたことです。上司にも同じ研修を受けてもらい、上司のチェック欄を入れたことで、上司から指導や承認を受けた方針書が提出される流れになりました。

研修では、このチェックシートに基づいて方針の策定・展開を進めてもらえるように伝えています。このチェックシートを事後課題にしたことで、研修で学んだことを思い出してくれたようです。中には「やめることは入れられなかった」という反省のコメントもありましたが、意識してもらえたことが良かったと感じています。

【図表3-3-1　方針の策定・展開チェックシート】

方針の策定・展開チェックシート	部門名		氏名	

部門方針提出時に、下記の内容に基づいてチェックしたもの添付して提出してください。

項目		チェックの目的	チェック		チェック内容
			上司	本人	
方針の策定・展開	方針書の策定	方針の目的である、経営資源の再配分ができる方針書になっているかを確認する	☐	☐	数値方針だけではなく、戦略的な方向性（ターゲット顧客・重点開発商品など）が記載されているか？
			☐	☐	ありたい姿が明示されており、期末に達成した・未達がはっきり把握できる表現になっているか？
			☐	☐	ありたい姿（数値方針・戦略的な方向性）の実現に対して、解決すべき重点課題が設定されているか？
			☐	☐	今期着手する重点課題が優先順位づけされて提示されているか？
			☐	☐	やるべき重点課題実現に向けて、やめることや、やらなくて良いことが記載されているか？
	方針の展開	方針の展開において、上司・部下との認識の違い、部門間での認識の違いが起きないようにする	☐	☐	上位方針を展開するときに、方針説明だけではなく、お互いの認識ギャップを埋める対話の場を設けているか？
			☐	☐	上位組織から下位組織に展開する過程で、下位組織の連携が確保できるような対話の場を設けているか？
			☐	☐	上位組織から下位組織に展開する過程で、方針のブレイクダウンがなされているか？
			☐	☐	下位方針は、現状を踏まえて、上位方針の取捨選択をして、やるべきことが重点化されているか？
			☐	☐	下位方針が完成した時点で、上位者は下位方針を確認して、上位方針が実現できる確からしさを確認しているか？
	方針の連鎖	上位方針と下位方針が連鎖しているかを確認する	☐	☐	上位組織の方針が、下位組織の方針と連動しているか？
			☐	☐	上位組織から下位組織に方針展開する際に、漏れ・ダブリはないか？
			☐	☐	上位組織の方針に基づいて、優先順位づけがされているか？
			☐	☐	下位組織の方針が達成されると、上位組織の方針が達成されるか？
			☐	☐	下位組織の方針の総和が、上位組織の方針を上回るように設定しているか？
	他社・他部門との連携	サプライチェーンの他社、他部門などと連携が取れた方針になっているかを確認する	☐	☐	サプライチェーンを意識した他社、他部門との連携体制は確保できているか？
			☐	☐	お互いの組織の重点課題を理解し、お互いの重点課題解決に対する協力体制は構築されているか？
			☐	☐	部門間の重点課題の影響度・優先順位、達成方策のスケジュールの整合性はとれているか？
			☐	☐	ある部門の重点課題の実行が、他の部門の課題解決を阻害していないかを確認しているか？
			☐	☐	必要に応じて、専門家の支援をもらいながら重点課題を解決できる体制を構築させているか？

【参考】上記のデータは、グローセンパートナーのHPからダウンロードが可能です

■受講者の声■

　以下は、図表3-3-1のチェックシートを提出してもらう時にいただいた声です。

　【方針の策定についての声】

・自部門のお客様の定義や、環境変化の想定、1年後どのような姿になっていたいか、やめることは何かを意識しながら策定しました。
・方針により、時間という経営資源を再配分することの重要性を理解し、メンバー全員が同じ理解を得られるものにするという点に今まで以上に注意しました。
・研修で学んだありたい姿を常にイメージしながら方針策定ができたと思います。また、ありたい姿と現状のギャップを重点課題として設定したのは、今までの方針より部下が理解しやすくなったと考えています。

　【方針の展開についての声】

・研修で学んだように、拠点長を巻き込みありたい姿を共有し、重点課題や実行計画に落とし込むことができました。2月時点で来期方針を共有し、早くから準備・行動に移すことができるようになりました。
・部下と先入観・固定観念を外して意見交換を行ったことで、新たな発見があり、24時間365日一人で考えるよりも効果があると感じました。
・方針を策定する際に部下と話をし、将来のありたい姿からロードマップを描き、直近の目標として設定することができました。一緒に策定したため、それ自体が方針の展開になりました。

■内省型リーダーシップを発揮するための実践ガイド■

> 方針書に盛り込む内容の統一化を図り、方針書は草案レベルで展開する。

　それぞれの事業部・部門で独自の型・書式の方針書を作成している企業が散見されます。内容が統一されていないと、戦略や重点課題が抜けていたり、逆にボリュームが多くなって焦点がぼやけたりすることがあります。そのため、経営企画側で方針書のフォーマットを作成することをおすすめしています。

　また、方針は長文になりがちなWordや、概念的になりやすいPowerPointは避けて、Excel 1 枚で表現することを提案しています。図表3-3-2の部門方針策定シートは、この章でお伝えした概念をすべて盛り込んでいるため、ぜひ方針策定と展開に活用してください。

【図表3-3-2　部門方針策定シート】

部門方針策定シート　　　部署名 [　　　　　　　]　氏名 [　　　　　　]

項目	目標項目（何を）	達成基準（どこまで）	実行計画（どのように）	想定時間（時間/年間）
【A+】 今期の重点課題の改善	例）A商品の売上向上	例）A商品売上高5,000万円/年	例）商品のマーケティングの仕組みの確立	例）80時間/年であれば80と記入
	①	①	① ② ③	① ② ③
	②	②	① ② ③	① ② ③
	③	③	① ② ③	① ② ③
【B】 戦略的な重点課題	例）新商品Bの売上拡大	例）新商品B売上高2,000万円/年	例）同様のサービスを扱う代理店の起用	例）80時間/年であれば80と記入
	①	①	① ② ③	① ② ③
	②	②	① ② ③	① ② ③
	③	③	① ② ③	① ② ③
			A+とBの合計	0

項目	目標項目（何を）	達成基準（どこまで）	実行計画（どのように）	想定時間（時間/年間）
【A−】 業務の削減・業務の効率化	例）業務フローを見直し	例）50％を自動化・外注する	例）A工程の外注先の開拓	例）80時間/年であれば80と記入
	①	①	① ② ③	①
	②	②	① ② ③	②
	③	③	① ② ③	③
			A−の合計	0

【参考】上記のデータは、グローセンパートナーのHPからダウンロードが可能です

　きれいな方針書を作成すると、それで満足してしまいがちです。そのため、最初は草案を出して、対話しながら揉んでいくのが良いと考えています。一方で、揉めば揉むほど、方針書は抽象度が上がり、あいまいになりがちであるため、現場が実行に移しやすいか常に問いかけ、具体性が維持できるように気をつけてください。

戦略策定は、「楽」をすることを見つける「楽しい」こと

　このコラムでは、私が実践している戦略策定、展開方法についてご紹介します。私は、戦略策定とは「楽」して売上が上がる方法を見つけることだと考えています。

　戦略策定のフレームワークには、SWOT分析やマイケル・ポーターの基本戦略など、さまざまな方法があります。これらを利用して考えを整理することは有効ですが、それだけで十分な戦略を導き出せるわけではありません。なぜなら、これらのフレームワークだけで優れた戦略が生みだせるのであれば、すべての企業が高い業績を上げているはずだからです。

　私は、戦略策定の思考プロセスと、広告のコピーを作成するプロセスは似ていると感じています。戦略策定の思考プロセスを最もよく表現している書籍として、広告業界で活躍したジェームス・W・ヤングの『アイデアのつくり方』が挙げられます。紹介されている思考プロセスは、情報集め→情報の咀嚼→寝かせる→アイデアのひらめき→アイデアの具現化です。戦略はある時にひらめくものです。その時に「これだ！」という大きな衝撃を感じます。

　戦略策定には、生の情報が不可欠です。情報を組み合わせて、新しいアイデアを生み出すわけですが、質の高いインプットがなければ、適切なアウトプットは期待できません。私は、コンサルティングや研修を通じて情報を収集し、他社が企画しているワークショップにも参加しますが、中でも一番の情報源は、競合会社の皆さんとの対話です。業態が同じであるため、悩みやその解決法を聞くことがよい刺激になっています。

　ひらめいた戦略は、すぐに社内のコミュニケーションツールを用いて共有します。多くてもPowerPointのスライド１枚におさまる程度の表現に留め、考えをまとめることよりも、早急に実行に移すことを優先しています。戦略の実行は、基本的に私が主導して行います。仮説が合っているかの検証が楽しみだからです。

　アイデアを創造するマネジャーに変わることで、楽ができたり、楽しみが増えたりするため、ぜひ皆さんもその醍醐味を味わってみてください。

第4章

PDCAサイクルの
定着

■現場が抱える課題■

　我々がPDCAサイクルの探求に入ったのは、人事評価シートの運用に関わる現場のお悩みからです。評価制度の運用について、「評価シートの運用が形骸化している」「評価制度と現場のマネジメントが連動しない」「目標設定がうまくいかない」など、さまざまな相談をいただきます。

　これらの問題について、人事部門の皆さんや我々プロフェッショナルが長年にわたり解決を試みていますが、完全な問題解決を図ることはできていません。私は、これらの問題が解決できないのは、本来できないことを無理に仕組化したためではないかと考えています。

　特に、MBO[6]（Management by Objectives）の結果を評価制度に連動させたり、多様性の時代に画一的な評価基準で人を評価したりするようなことは、仕組みそのものに矛盾があり、実用に耐えないと感じています。評価制度の限界と新たな方向性については、拙著『今の評価制度に疑問を感じたら読む本』、公益財団法人日本生産性本部　労働情報センター2020年、に書き記しているため、興味がある方はこちらもご覧ください。

　評価制度の話は切り離し、マネジメントの課題に限定すると、「Plan策定だけにとどまっている」「Plan策定はするが振り返り（Check）の場がない」「（営業職などで）結果管理になっている」「（開発職・スタッフ職などで）目標が掲げにくい」などの課題があります。この章では、解決の方向性を示しながら、現場で効果が実感できるPDCAサイクルの回し方について解説していきます。

6　MBOとは目標管理のことで、経営計画の達成をサポートするための組織マネジメント手法です。正式には「目標による管理と自己統制（Management By Objectives and self-control）」といい、自らが自分の目標を設定し、その進捗や実行を各人が自ら主体的に管理する手法です。

■課題が発生する真因■

> PDCAサイクルに関する課題が発生するのは、PDCAサイクルが
> 間違った慣習で運用されているから。

　この章では、PDCAサイクルの運用に関しての間違った慣習と、適切な方向性を示します。

- ・PDCAサイクルは、日常業務の遂行を促すツールではなく、方針に掲げられたGoalを実現する未来創造のツールである。
- ・PDCAサイクルは、Plan策定からスタートするのではなく、上位方針をしっかり理解・咀嚼し、自部門・自部署のありたい姿（＝Goal）を描くという前の工程からスタートする必要がある。
- ・Goalには定量目標と定性目標[7]の2種類があるが、そもそも仕事の進め方が異なるため、目標設定・進捗管理の方法は異なる。
- ・PDCAサイクルは、単なる計画策定・実行のツールではなく、仮説・検証のサイクルを回すツールである。
- ・PDCAサイクルは、マネジメントのツールであるとともに、人材育成が促進できるツールでもある。
- ・マネジャーの役割には、部下にPlanを掲げさせること、Doの回避や遅延を解消することも含まれる。
- ・進捗管理の会議は、数字の達成・未達成を確認するだけの場ではなく、新しい打ち手を創造するアイデア出しの場である。

　これからPDCAサイクルの適切な回し方について解説していきますが、その前にMG-PDCAサイクルの全体像からお伝えします。

7　達成基準の表現方法には、達成基準を量的に表現する「定量目標」と、質的に表現する「定性目標」があります。どちらの表現方法にするかは、職種、目標項目の内容、個人の役割に応じて適切な方を選択します。

■研修で伝えていること■

　MG-PDCAサイクルは、我々が10年以上前から提唱している概念です。まず、PDCAサイクルを回す前工程で上位方針が掲げているMissionを咀嚼し、会社がどの方向性に進もうとしているかを理解します。そして、自部門・自部署のありたい姿＝Goalを掲げ、Goalと現状のギャップを埋める作戦を考えることがPlanだと解説しています。つまり、PDCAサイクルは会社の未来を創造するためのツールであることを伝えています。

　これから、MG-PDCAサイクルの概要を順に解説していきます（図表4-1-1参照）。

【図表4-1-1　MG-PDCAサイクルとは】

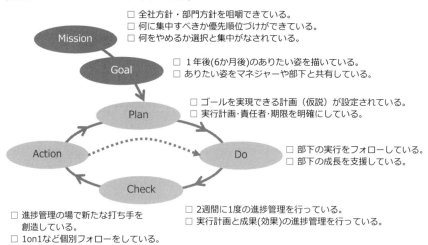

Missionは、方針を受ける・咀嚼することを指しています。全社方針・部門方針を理解・咀嚼して、全社・部門としてどこに向かおうとしているのかを捉えます。それを受けて、マネジャーから来期にどのような重点課題に取り組むのか、それらに優先順位がつけられて共有されている状態が必要です。Missionに基づいて、来期に自部門・自部署でどのような取り

106

組みをするのかを構想します。

　Goalは、自部門や自部署のありたい姿を表現することを指しています。第１章で説明したように、ありたい姿を示すことは、部下に方向性を伝えたり、部下の自律的な行動を促したりするための非常に重要なプロセスです。Goal（ありたい姿）の構想は、さまざまな視点からシミュレーションすることが重要であるため、仕事の合間などに思考を巡らせ、熟成する期間が必要でしょう。

　上記２つの過程を省略して、PDCAサイクルを回そうとすると、方針展開とPDCAサイクルの間の連動性がなくなってしまいます。Missionの共有、Goalの設定は、PDCAサイクルを回す前段階として大切なプロセスです。

　Planは、自部門・自部署のありたい姿と現状を埋めるための作戦＝実行計画のことを指しています。まず押さえるべき点は、PDCAサイクルは仮説と検証のサイクルであるため、実行計画には仮説を組み込む必要があることです。仮説は成功する場合も、失敗する場合もありますが、成功の確度が高い実行計画を作り出すことが、Plan策定の醍醐味ともいえるでしょう。成功のあたりをつけることが仮説であり、仮説の精度が上がると、短い時間で成果が創出できるようになります。よって、成功確度が高い仮説を導き出すためには、多くのアイデアを出すことが有効であるため、チームメンバーと一緒にアイデアを出し合うことをおすすめします。

　Doは、実行計画に基づいて行動することを指しています。人間はロボットと異なり、実行計画に掲げられたもの（指示されたこと）を、素直に実行できるほど器用にできていません。実行に移す際、自信がなくなることや、失敗を回避したくなること、恐れからブレーキがかかることなどがあります。そのため、マネジャーのサポートが必要です。失敗したくない、

評価を下げたくないなどの恐れを緩和することもマネジャーの役割です。

　Checkは、実行計画の検証をすることを指しています。行動したかの検証、成果が出たかの検証を行います。行動していない場合は、何かしらのブレーキがかかっているため、１on１でサポートしましょう。実行しても想定した成果が得られない場合は、ミーティングで失敗要因を特定し、部下と一緒に新しい打ち手を考えましょう。検証・振り返りは、組織で経験学習[8]を回すことになるため、内省力向上・情報共有の視点から、人材育成の促進にもつながります。

　Actionは、新しい打ち手を創造することを指しています。実行計画（仮説）がうまくいかなかった場合に、新しい仮説を考えるアイデア出しが必要です。進捗管理の会議は、計画の未達成について原因追及するだけでなく、新たな実行計画のアイデア出しをする創造の場であってほしいと考えています。

　組織でPDCAサイクルを回すことにより、ありたい姿の共有が図れたり、実行計画のアイデアを出し合ったり、成功・失敗の共有をしたり、成功・失敗要因を深掘りしたりすることができます。これらのプロセスを通じて、情報共有したり、意見を出し合ったりすることそのものが、一体感あるチームを作り上げ、人材育成も進みます。

8　経験学習とは、経験主義者による研究をもとに、デイヴィッド・コルブにより提案された学び方のフレームワークです。経験学習モデルは、具体的経験、振り返り（内省）、持論化（ルール化）、積極的な実験といった４つのステップからなるサイクルを繰り返しながら、体験を知識に定着化させることをねらいとしています。

4－2　定量目標・定性目標別のGoalの掲げ方

■現場が抱える課題■

　目標設定の場面で、「開発職は長期に渡るため、短期目標は立てにくい」「スタッフ職の目標は立てにくい」「事務ミス０の目標としたら、ミスが１つでもあったら悪い評価になるし、ミスが０でもS評価やA評価など良い評価にはならない。不利ではないか？」といった声があがります。

　上記のように目標が掲げにくいというお悩みはそのとおりだと思っており、この節では杓子定規にあるべき論を唱えるのではなく、期初に目標設定が難しい職種があることについて実務的に解説します。

　Goalの掲げ方は、定量目標と定性目標で異なります。その中でも特に、定性目標のGoalの表現方法に大きな誤解があると感じています。

■課題が発生する真因■

> 定性目標の目標設定について、**間違った解説や指導が横行している**から。

はじめに、問題が生じている背景を解説します。

　まず、開発職についてです。私は開発職が目標設定したからといって、開発が促進されるわけではないと考えています。もし、私が開発職を担当する役員で、目標を設定して確実に達成されるなら「売上が10倍に増えるような開発を進める」「日経新聞の１面を飾るような革新的な開発を実現する」という大胆な目標を設定し、チャレンジを促します。しかし、皆さんはそんなことをしても開発は促進されないと感じるでしょう。それは、開発職において、目標設定するというマネジメント手法が、開発成果との関連性が薄いからだと考えています。それよりも、開発者がお互いに

アイデアを共有したり、知識を深め合ったりする場を作った方が、開発の成果を創出できる可能性が高まりそうです。

　続いて、スタッフ職についてです。スタッフ職の方針は、中期経営計画に掲げられることや、マネジャーから具体的な方針が展開されることが少ないでしょう。また、スタッフ職の仕事（定性目標の仕事）のGoalは、スタートした時点で明確に決まっているというより、走りながら徐々に明確になっていくものです。さらに、目標設定しても、スタッフ職は緊急かつ重要な案件が毎日のように降ってきます。目標設定した課題を着実に進めるスタッフ職は確かに優秀ですが、臨機応変に対処してくれるスタッフ職も重宝されます。そのため、スタッフ職も、目標設定が馴染みにくい職種だと考えています。

　最後に、事務ミス０、クレーム０、事故０のような目標についてです。数字が入っているため定量目標だと勘違いしがちですが、実態は「事務ミスが起きない状況を作る」「クレームが起きないような体制を整える」「事故が起きないよう意識を根づかせる」という定性目標なのです。したがって、ミス・クレームや事故が１回起こったからといって、必ずしも悪い評価になるとは限らないと解説しています。
　同様に、事務職も目標設定が難しいという相談を受けます。事務職は、サポートがメインの業務であり、臨機応変な対応が求められるからです。気持ちよく仕事を受けてくれたり、柔軟な対応をしてくれたりすることが助かるため、業務の目標設定より、姿勢評価などが適合すると考えています。

　ここで解決策を提示する前に、定量目標と定性目標とでは、そもそも仕事の進め方が異なるという点から解説していきます（図表４-２-１参照）。

【図表4-2-1　定量目標・定性目標の仕事の違い】

	定量目標	定性目標
仕事の進め方	Goalに向かってPDCAを回す	PDCAサイクルを回しながらGoalが見えてくる
Goalの掲げ方	基本的に1項目 例）売上高 500万円 など	複数項目を総合的に設定 例）コストの視点・品質の視点・納期の視点・育成の視点
期中のGoalの変化	基本的に変わらない	実行しながらより鮮明になるGoalが変わることもある
Goalの設定	1ヵ月後・半年後から1年後を設定	2週間〜1ヵ月ごとに設定仕事ごとに設定
Goalの展開	基本的に方針展開される	方針展開されないことが多い

　営業職・生産職で掲げられることが多い定量目標は、1か月後・1年後などの期日に向けて明確な数値目標があります。仮説・検証を繰り返しながら、その数値目標を達成できるように取り組んでいきます。つまり、実行計画（仮説）を立てて、実行して、検証して、何とか数字をやり抜くことが必要です。また、大きな環境変化や役割の変化がなければ、期初に掲げられた数値目標を変えることはありません。

　開発職・スタッフ職・事務職で掲げられることが多い定性目標は、仕事をスタートした時点では、明確なGoalが存在しないこともあります。人事制度設計のプロジェクト遂行なども定性目標にあたりますが、実際に設計を進めると、スペシャリストコースを設置したい、みなし残業手当を廃止したいなど、新しい課題が出てきます。新しい課題が出てくる度に、最適解を模索しながら進めていくと、Goalは少しずつ変化しながら、だんだんと明確になっていきます。Goalから実行を刻むのではなく、実行しながらGoalが明確になっていくプロセスです。期初に掲げた定性目標は、変わり続けるもの、より鮮明になっていくものだと考えています。方針が

明確に展開されないこともあり、2週間〜1か月程度の短期目標の方が適合すると思います。

　以上のことから、開発職・スタッフ職・事務職は、期初に目標設定が難しい職種であることをご理解いただけたかと思います。

■研修で伝えていること■

　目標設定には目標項目（何を）、達成基準（どこまで）、実行計画（どのように）の3要素が最低限必要です。必要に応じて、役割（誰が）、期限（いつまでに）なども追加します。
　定量目標と定性目標では、達成基準（どこまで）と実行計画（どのように）の設定方法が異なります（図表4-2-2参照）。

【図表4-2-2　定量目標・定性目標の違い】

要素	定量目標の設定方法	定性目標の設定方法
目標項目 （何を）	目標の対象を明らかにしたものであり、「対象」と「方向性」で示す 例）売上の拡大・コストの削減・マニュアルの作成 など	
達成基準 （どこまで）	達成の判断がつき、 進捗管理ができるために、 「指標」と「数値」で示す	達成の方向性が明示でき、 実行計画を策定するために、 達成した「状態」を示す
実行計画 （どのように）	達成基準をクリアするための 「仮説（作戦・具体策）」 を考える	達成基準をクリアするための 「段取り」「期限」「役割分担」 を考える

　目標項目（何を）については、定量・定性目標ともに、「対象」と「方向性」で示します。上位方針として展開されたり、マネジャーから具体的な指示があったりするはずです。
　達成基準（どこまで）については、定量目標は、「指標」と「数値」で示します。売上高1,000万円と表現したときに、方針の出し手と受け手の

解釈の違いは生まれません。シンプルで示しやすい達成基準です。

　一方で、定性目標の達成基準は、方針の出し手と受け手の解釈の違いが生まれやすいものです。

　１つ目は、定性目標の達成基準の示し方についてです。定性目標の場合、達成基準に「…の推進」「…の実施」「…の定着」などと記載されていることが多いですが、これは達成基準ではなく、実行計画にあたります。定性目標の達成基準は、Goal＝ありたい姿ではなく、実行計画が記載されていることが多いのです（図表４-２-３参照）。

【図表４-２-３　達成基準と実行計画の関係】

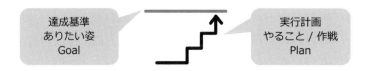

　２つ目は、定性目標の達成基準は、ありたい姿に関して多くの情報が必要だという点です。図表４-２-４をご覧ください。左側は受講者が書いた定性目標の達成基準、右側は私が受講者に質問を投げかけながら修正したものです。受講者は商品開発部門のマネジャーで、顧客管理システムで現場から情報を収集して商品開発に活かすという方針が出ていました。その方針を受けて、受講者が書いた達成基準は、「お客様の情報を収集して、商品開発ができている状態」でした。達成基準は１つだったのですが、受講者に「顧客管理システムを導入するメリットで、実現したいことは？」「情報共有して実現させたい姿は？」など質問し続けると、商品開発の視点・現場力向上の視点・システムの活用度合い・組織風土改革や人材育成の推進などさまざまな達成基準が示されました。定性目標のありたい姿は、多面的な想いが詰まったもので、普段は言語化されていない隠れた目標も多いのです。

【図表4-2-4　適切な定性目標とは】

【背景】
顧客管理システムで、営業担当者が現場で収集したお客様情報を共有し、商品開発に活かすように方針がでている

要素	受講者が書いた達成基準	演習で修正した達成基準
達成基準（どこまで）	お客様の情報を収集して、商品開発ができている状態	・お客様の声が、商品開発につながっている状態 ・現場で解決した課題をシステム上で共有し、営業担当者の課題解決力が上がっている状態 ・他社メーカーの情報を収集し、商品企画・開発に活かせる状態 ・システムでの情報共有の効果が体感できて、現場で自然に使われている状態 ・このシステムを通じて、現場と商品開発部門の風通しが良くなっている状態

定性目標の達成基準の書き方について要約すると、以下のような特徴があります。

・さまざまな視点でGoalの状態を示した集合体である。

・言語化されていない隠れた目標も多い。

・実行計画を実行に移すことにより、変化したり、より鮮明になったりしていく。

定性目標の達成基準をしっかり描こうとすると、目標設定シートの小さな枠には収まらないはずです。したがって、目標設定シートに記入するだけではなく、マネジャーと部下とのミーティングや1on1の場で、お互いに確認し合いながら、ありたい姿を鮮明にする対話をしていきましょう。

最後にお願いがあります。「定性目標の達成基準を数値化する」という指示・ルールはやめてください。図表4-2-4の事例で定性目標を数値化すると「現場の声を参考にした商品開発数3つ」などと表現されてしまい

ます。これでは、ありたい姿のごく一部しか表現できていません。定性目標を数値目標にしてしまうことで、着眼点が限定され、ありたい姿のごく一部にしかフォーカスされなくなるという弊害が生じます。

■内省型リーダーシップを発揮するための実践ガイド■

> 部下と達成基準＝ありたい姿を月１回程度語りあう。

第１章でお話しましたが、ありたい姿を示すことは、部下の自主性を引き出すうえで大きな効果があります。皆さんが考えるありたい姿は言語化されていない領域もあるため、部下と対話しながら、より鮮明なありたい姿を共有し続けてほしいと思っています。

また、定性目標は実行を進めていくと、ありたい姿が変化していきます。したがって、開発職・スタッフ職・事務職のマネジャーは、部下と月１～２回程度、業務の「ありたい姿」を対話する場を持つことを推奨します。

営業職・生産職のマネジャーも、職場を活性化するためには、数値目標を掲げるだけでは不十分です。チーム連携のあり方や一人ひとりの成長の期待など定性的な目標もあるはずなので、同じく部下と月１回程度、ありたい姿の対話の場を持ってほしいと思います。

4－3　実行計画（Plan）の作り方

■現場が抱える課題■

目標管理や方針管理の運用が形骸化しているという声を多く聞きます。これは、実行計画の策定の意義を理解していないことが一因だと考えています。

この節では「PDCAサイクルは、単なる計画策定・実行のツールではな

く、仮説・検証のサイクルである」「PDCAサイクルは、マネジメントのツールであるとともに、人材育成の最強のツールでもある」点について解説します。

　話は少しそれますが、現場のマネジャーから出る「目標管理が形骸化している」「評価は嫌な作業」「面談はめんどくさい」などの声は、それなりに真理が隠れていると考えています。現場のマネジャーが、そのように認識していることには必ず理由があり、何かしらの誤解・間違った運用がこの声を生んでいると考えています。したがって、PDCAサイクルに関して、その本質を理解して、効用が生まれるような型づくりを全社を挙げて行うことが効果的です。

■課題が発生する真因■

> **PDCAサイクルが、仮説・検証のサイクルだと理解していないから。**

　もちろん、真因はこれだけではないと思いますが、多くの企業でPDCAサイクルが仮説・検証のサイクルになっていないがために、目標管理や進捗管理が形骸化していると推察します。
　まずは、仮説とは何かから解説します。仮説とは、「最も確からしいと考えられる仮の答え」ですが、マネジメント論の領域では「最も成果が出やすいと考えられる仮の答え」だと定義します。仮の答えであるため、実行して仮説があっているかどうかを検証することになります。
　続いて、仮説を立てることのメリットを考えてみます。

　・仮説を立てることにより、これまでやっていない、新しい挑戦が促進できる。
　・仮説を立てることにより、具体的な行動に移しやすくなる。

- 仮説を立てるプロセスで、情報収集力・分析力・問題発見力が強化される。
- 仮説を立てるプロセスで、構想力や企画力が強化される。
- 仮説を絞り込むプロセスで、意思決定力が強化される。
- 精度が高い仮説を立てることにより、成果を出しやすくなる。
- 精度が高い仮説を立てることにより、部下が成功しやすくなり、モチベーション向上につながる。
- 組織で仮説を立てることにより、組織内の協力体制の構築やコミュニケーション強化につながる。
- 組織で仮説を立てることにより、革新的なアイデアが出てくる可能性が高まる。
- 実際に仮説・検証のサイクルを回すと、ゲーム感覚で仕事が楽しくなる。
- 成功した仮説を共有することにより、他の組織でも業績を上げやすくなる。
- 成功した仮説を共有し続けることで、他社から模倣されにくく、戦略的な差別化を図ることができる。

　いろいろ書きましたが、要は仮説を立てることは成果の視点、チームビルディングの視点、人材育成の視点で有効であるため、期初だけではなく、期中でも仮説を考え続ける習慣を組織に定着させてほしいです。

　そもそも、方針に掲げられている戦略が仮説であるため、それを実行する計画も仮説のはずです。方針展開は、「仮説」の展開ともいえます。期初の目標設定のミーティングではPlan（＝着手前に考えた仮説）を、期中の進捗管理ではAction（＝失敗したため新たに考えた仮説）を創造する時間を確保してください。実行計画が仮説になっていると、ゲーム感覚で実行を楽しめますし、仮説がうまくいった場合の喜びもひとしおでしょう。まずは、仮説を設定する方法を理解するために、仮説ではない表現を

解説します。目標設定された評価シートを確認すると、仮説になっていない実行計画が多いため、事例で紹介します（図表4-3-1参照）。

　類型1：仮説ではない実行計画を記載している
　例）新規顧客の開拓・既存の顧客の深耕など
　営業職の実行計画に多い事例です。仮説＝失敗の可能性がある表現になっていません。過去に新規顧客の開拓をやったことがなく、新たにやってみることであれば仮説といえるでしょう。または、新規顧客の開拓をやってみたが顧客数が増えないため、来年からは新規顧客の開拓をやめるという意思決定を図る可能性があれば仮説になります（そのようなことはありえないため、仮説ではないといっています）。また、売上高1,000万円を達成基準としたときに、設定された実行計画が「新規顧客の開拓」であるとします。この場合、達成基準を売上高1億円に引き上げても、「新規顧客の開拓」という実行計画が変化しません。つまり、その達成基準を支える実行計画になっていないといえます。

　類型2：仮説を導くための方法を記載している
　例）実態の調査・原因の分析・解決策の立案など
　生産職の実行計画に多い事例です。これは仮説を導くための流れであり、「これから仮説を立てます」という宣言にとどまります。上記の例のような目標設定は、最初から実施することが決まっているため、評価シートへの記入は不要です。また、どのような目標項目や達成基準でも、汎用的に使える実行計画の表現であるため、仮説とは呼べません。

　類型3：PDCAサイクルの内容を記載している
　例）進捗管理の実施・実行遅れに対する打ち手を考えるなど
　スタッフ職の実行計画に多い事例です。これはPDCAサイクルそのものを表現しており、「これからPDCAサイクルを回します」という宣言にと

どまります。上記の例のような目標設定も、最初から実施することが前提
であるため、評価シートへの記入は不要です。同様に、どのような目標項
目や達成基準でも、汎用的に使える実行計画の表現であるため、仮説とは
呼べません。

【図表4-3-1　仮説ではない実行計画】

類型	仮説ではない表現	なぜ仮説ではないのか	仮説の表現に修正
1	新規顧客の開拓	失敗がある表現になっていない。過去に新規顧客の開拓をしたことがなく、初めて行う場合は仮説といえる。達成基準が高くなっても同じ実行計画が成り立つ（＝目標に対しての作戦になっていない）	新規顧客を開拓するために、今年は中規模の建設業にあたりをつけて訪問する
2	実態の調査 原因の分析 解決策の立案	仮説を導くために実施する内容であり、仮説とはいえない。どのような目標でも同じ実行計画が成り立つ（＝目標に対しての作戦になっていない）	原因を分析した結果、検査工程で発生する振動が誤作動を生み出しているようなので、設備の改修を行う
3	進捗管理の実施 実行遅れに対する打ち手を考える	PDCAサイクルそのものを表現していて、仮説とはいえない。どのような目標でも同じ実行計画が成り立つ（＝目標に対しての作戦になっていない）	プロジェクト管理のため、今期は2週間に一度進捗管理を行い、進捗が滞っている業務はみんなで問題解決方法を考える

　仮説とは何かを解説するときに、図表4-3-2を使って解説しています。
研修で、仮説とは何かを伝えることにかなり苦労しているため、「仮説」
は現場では馴染みの薄い概念なのかもしれません。

　では、仮説の表現・仮説ではない表現の見極め方に解説を加えます。

■仮説・検証の視点
　成果が出ることもあれば、成果が出ないこと（失敗）もある表現に
　なっているか。

■重点化の視点

うまくいくだろうという「あたり」がついているか。あたりをつけることで、どう行動したらよいかを明確に伝えられる表現になっているか。

■新規性の視点

初めてトライする新しい作戦であるか。過去に行った作戦であれば、成功か失敗かの検証が終わっているはず。

■達成基準クリアの視点

達成基準を変えれば、実行計画も変わる表現になっているか。達成基準のハードルを上げたときに、実行計画が変わるようであれば、仮説であるといえる。

【図表4-3-2　仮説である表現・仮説ではない表現の見極め方】

項目	仮説の表現	仮説ではない表現
仮説・検証の視点	仮説とは、実行により成果が出ることもあれば、成果が出ないこともある	実行しても失敗がない表現であれば、仮説ではない
重点化の視点	仮説とは、うまくいくだろうというあたりをつけることである	表現に具体性がなく、一般論であれば、仮説ではない
新規性の視点	仮説とは、初めてトライする新しい作戦である	実行計画が毎年同じような表現であれば、仮説ではない
達成基準クリアの視点	達成基準が変われば（ハードルが上がれば）、実行計画（＝仮説）は変わる	達成基準を変えても、実行計画（＝仮説）が変わらないようであれば、仮説ではない

　実行計画に成功確度が高い仮説を盛り込むことは、かなり難易度が高い作業です。しかし、成功確度が高い仮説が導き出せると、新規顧客獲得のハードルが下がる・トラブルが劇的に低減するなど成果が出やすくなります。そのため、仮説を磨くために投じた時間は、後で十分なリターンが得られるはずです。

■研修で伝えていること■

　上位方針（Mission）を受けて、自部署のありたい姿（Goal）を設定し、そのありたい姿と現状を埋める作戦＝実行計画（Plan）を立てる流れを解説していきます。

　図表4-2-2で解説しましたが、目標設定の3要素として、目標項目（何を）、達成基準（どこまで）、実行計画（どのように）を示す必要があります。一般的には、目標項目・達成基準は上位方針と連動しており、これがGoalにあたります。この目標項目・達成基準に対して、どのように実行するのかを考えることがPlanにあたります。表で示すと、図表4-3-3のようになります。

【図表4-3-3　GoalとPlanの関係】

優先度	目標項目（何を）	達成基準（どこまで）	実行計画（どのように）
1	○○エリアの シェア拡大	○○エリア 売上高7億円	最大手である A社に対して…
2			
3			
	Goal		Plan

　このGoalからPlanを導く流れをブレイクダウンと表現しています。GoalとPlanの関係は、以下のとおりです。

- ・GoalよりPlanの方が、実行難易度が下がっている。
- ・1つのGoalに対して、おおよそ3〜5つのPlanが策定される。
- ・Planは、実行者の力量にあわせ、実行者が実行に移せるレベルまでブレイクダウンする。
- ・Planを実行することにより、Goalが達成できる想定になっている。

GoalからPlanを導くプロセスが、ブレイクダウンの構造になっていることをしっかり押さえましょう。研修時に、「ブレイクダウンする際は、どこまで具体化すればよいのですか？」という質問をよく受けますが、これは実行計画を実行に移す部下の力量によります。その部下が実行できるレベルまでブレイクダウンすることが必要です。つまり、部下のおおよその力量を把握していないと、どこまで具体化すればよいかは判断がつかないはずです。

　また、企業の目標設定シートを見ると、目標項目（何を）、達成基準（どこまで）、実行計画（どのように）という３つの項目に分かれていないケースがあります。これでは、Goalを受けてPlanを策定することができないため、最低でも目標設定の３要素は評価シートに盛り込みましょう。

　GoalからPlanの導き方は、課題解決のフレームワークとして紹介しています（図表４-３-４参照）。汎用的に活用できるフレームワークであるため、ぜひ現場で活用してください。

　以下５つのStepでGoalをPlanにブレイクダウンします。

　Step１：ありたい姿（Goal）を考える。
　Step２：ありたい姿（Goal）に対して現状を把握する。
　Step３：現状のままいくとどうなるか、成り行きを考える。
　Step４：ありたい姿と成り行きのギャップを明確にする。
　Step５：ギャップを埋める実行計画（Plan）を考える。

【図表4-3-4　課題解決のフレームワーク】

　いくつか補足します。まずは、時間軸で表現すると、目標設定時点の状態や、過去1年間の実績が「現状」にあたります。ありたい姿・成り行きは、目標設定の「Goalの期限」になります。マネジメントサイクルで表現すると、現状＝期初、Goalの期限＝期末になります。

　成り行きを加える理由を解説します。売上高を例にとると、環境が厳しいと、「成り行き」は「現状」より減少します。一方で、既に打開策を打ってあると、「成り行き」は「現状」より増加する可能性が高まります。「成り行き」は、新しい策（実行計画）を打たないときの見通しであり、ありたい姿と成り行きには必ずギャップが生じます。そのギャップを埋める策が実行計画です。実行計画を策定し、それらを実行すると現状とありたい姿のギャップが埋まるか最終確認をし、ギャップが埋まる実行計画が策定できれば完成です。

　課題解決のフレームワークは、定量目標と定性目標とでは使い方が異なります。まずは、定量目標の課題解決のフレームワークの使い方について

解説します（図表4-3-5参照）。

Step1：ありたい姿（Goal）は、指標と数値で示します。来期の計画の数字などが入ります。

Step2：ありたい姿（Goal）に対して現状も、指標と数値で示します。今期の実績などが入ります。

Step3：成り行きも、指標と数値で示します。環境なども加味しながら想定してください。

Step4：ギャップも、指標と数値で示します。単純な引き算で求められます。

Step5：ギャップを埋める実行計画（Plan）を考えます。特に、仮説になっているかを注意してください。加えて、実行計画を実行したときに、どれくらいギャップが埋まりそうか期待できる効果（数値）も想定してください。

【図表4-3-5　課題解決のフレームワークの事例（定量目標）】

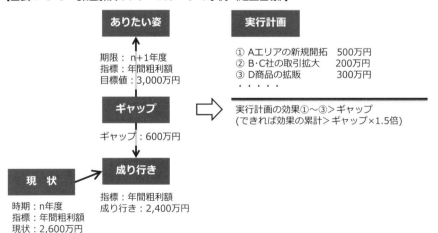

　続いて、定性目標の課題解決のフレームワークの使い方について解説します（図表4-3-6参照）。

Step1：ありたい姿（Goal）は、さまざまな視点が盛り込まれ、情報が多くなるはずです。

Step2：ありたい姿（Goal）に対して現状の実態を記載します。実態を明らかにすることで、ありたい姿に情報が付加されることもありますが、省略も可能です。

Step3：成り行きも現状とあまり変化がないと考えられるため、省略可能です。

Step4：ギャップも省略可能です。

Step5：ありたい姿に向けての実行計画（Plan）を考えます。実行計画からありたい姿に向けても矢印が向いている理由は、実行計画を考えることで新しいありたい姿の視点が出てくる場合があるからです。ありたい姿を描くことと、実行計画を策定することは相互に影響し合います。

【図表4-3-6　課題解決のフレームワークの事例（定性目標）】

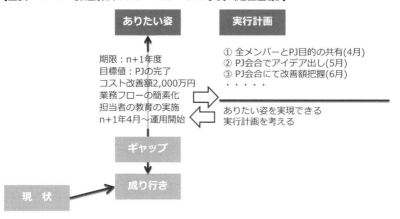

ありたい姿　　　　**実行計画**

期限：n+1年度
目標値：PJの完了
コスト改善額2,000万円
業務フローの簡素化
担当者の教育の実施
n+1年4月～運用開始

① 全メンバーとPJ目的の共有(4月)
② PJ会合でアイデア出し(5月)
③ PJ会合にて改善額把握(6月)
・・・・・

ありたい姿を実現できる
実行計画を考える

ギャップ

成り行き

現　状

このフレームワークは、以下のようにチームで活用することも有効です。

　定量目標の場合は、マネジャーからありたい姿・現状・成り行き・ギャップを説明し、部下からアイデアを募りながら実行計画を策定するとよいでしょう。方針の背景や、実行計画を導くプロセスが共有できますし、部下から「この実行計画は自分がやってみたいです」という自発的な意見が出るかもしれません。実行計画が出てきたら、成功したときの効果（どの程度ギャップが埋まるかの予測値）も必ず考えてください。実行計画の効果の累計がギャップを上回ったら、実行計画の完成です。

　定性目標の場合は、マネジャーから仮のありたい姿を説明し、部下と一緒に実行計画を練るのがよいでしょう。実行計画が明確になってきた時点で、追加したいありたい姿があれば、どんどん情報を付加していきましょう。特に、プロジェクトをチームで進めていくときに、ありたい姿が共有できていると、スムーズに実行が進みます。メンバー全員で、ありたい姿を実現できる実行計画が共有できたら、実行計画の完成です。

■受講者の声■
　課題解決のフレームワークを解説したときの受講者の声を紹介します。

【定量目標について】
・実行計画策定の時に部下との会話は必要だと思いました。定量目標のありたい姿も具体性を持たせることにより、実行計画を作りやすいと思いました。
・仮説を立てるのが一番難しいですが、部下に具体的な実行計画を示すことが最も重要だと思いました。
【定性目標について】
・期初に掲げた目標に対して、環境の変化に応じて実行計画を追加し

たり、ありたい姿を変えたりしていけばいいということがわかりました。

・実行計画を細かく設定することで、逆にありたい姿が明確になる事がわかりました。

【両方について】

・実行計画は抽象度をなくし、具体的な行動レベルにしないと意味がないことを改めて認識しました。

・定量も定性も同じ考え方で実行計画を策定していたという誤りに気づきました。

■内省型リーダーシップを発揮するための実践ガイド■

> 課題解決のフレームワークを使って、部下と一緒にありたい姿の共有や実行計画を策定する。

方針策定は、マネジャー一人の作業だと思われがちですが、アイデア創造の視点、実行促進の視点から部下と一緒に策定した方がよいと考えています。マネジャーが作った方針を、「これに基づいてやってほしい」と伝えるより、一緒に企画するプロセスを踏んだ方が解釈の違いは生まれにくく、方針や実行計画の背景が分かるため実行に移しやすくなると思います。また、ありたい姿を一緒に考えることで、将来の概念形成力を鍛えられますし、仮説を考えるプロセスで、さまざまな視点が共有されるため、一緒に議論するメンバーの育成も促進されると思っています。

そういった意味で、PDCAサイクルを回すことは、単に業績を上げるための手段ではなく、そのプロセスでコミュニケーションや一体感、人材育成も図れるという一石三鳥の経営手法といえます。

4-4 進捗管理（Check・Action）の進め方

■現場が抱える課題■

「進捗管理の会議でつるし上げられる」「進捗管理の会議のために大量の資料を作っている」という不平・不満をよく聞きます。これは数字が達成していない理由や、その打開策を述べるだけの進捗管理になっていることが原因です。多くの場合、実行計画が仮説になっていないため検証する必要がなく、適切な進捗管理のイメージが形成されていないのだと考えています。

■課題が発生する真因■

> 進捗管理の会議が、プロセス管理ではなく結果管理になっている。

もし、実行計画が仮説になっていれば、進捗会議の場面では「…を実行して、成果が出ました」「…は実行して、成果が出ませんでした」「…を実行して、成果は出ましたが、想定には届きませんでした」といった会話が交わされるはずです。

しかし、一般的な進捗会議では、「…の目標は達成できました」「…の目標は達成できませんでした。理由は、…」といった会話が交わされると想定しています。これは、仮説・検証のプロセス管理ではなく、結果管理です。

■研修で伝えていること■

PDCAサイクルが仮説・検証のサイクルになっている場合は、図表4-4-1のような2つの軸でチェックが必要です。1つ目の軸は、計画どおり行動したか、しなかったのかという軸です。もう1つの軸は、効果が上

がったのか、上がらなかったのかという軸です。

　計画どおり行動して成果が上がった場合は、仮説が正しかったといえるでしょう。逆に、計画どおり行動して成果が上がらなかった、または期待した成果まで届かなかった場合は、仮説が外れたといえます。

【図表4-4-1　進捗管理の方法】

	計画どおり行動した	計画どおり行動しなかった
共有の場	部門ミーティング	1on1など個別対応
効果が上がった	◎ 計画どおり行動し、想定した効果が出た 仮説が正解で、一番良い状態です　成功要因も言語化しておきましょう	? 計画どおり行動しなかった 行動に移せないのは、 ・（時間を含めた）経営資源の問題 ・恐れのブレーキがかかっている ・人間関係の問題 などの可能性があるため、個別に1on1などをするのがおすすめです
効果が上がらなかった	△ 計画どおり行動したが、想定した効果が出なかった Actionとして効果に繋がる新しい実行計画を考えましょう	

　計画どおり行動した場合と、計画どおり行動しなかった場合では、進捗管理のコミュニケーションをとる場を変えるべきだと考えています。

　計画どおり行動した場合は、進捗管理のミーティングの場で共有してください。効果が上がった場合は、成功要因も言語化して、次にも活かせるようにしておきましょう。成功した手法・コツなどが共有できると、その暗黙知が組織へ共有でき、人材育成につながります。効果が上がらなかった場合は、新しい実行計画をメンバーと一緒に考えましょう。これは、仮説を創造するプロセスと同じです。

　進捗管理のミーティングは、2週間に一度くらいがおすすめです。週に一度だと仮説レベルの実行計画の実行はそれほど進みませんし、1か月放置してしまうと機を逸することがあるからです。我々がマネジメント定着

をサポートするときは、２週間に一度お伺いしています。

　計画どおり行動しなかった場合は、１on１などの個別対応がおすすめです。行動に移さない原因は、時間がない・人間関係の問題・本人の恐れ（自信がないなど）であるため、公の場で問い詰めても本音は出ません。１on１などで本人の話をじっくりと聴くことがおすすめです。
　恐れについて少し触れます。行動にブレーキがかかるのは以下のような恐れがあるからです。

・チャレンジして、失敗して、評価が下がる「恐れ」
・リーダーシップを発揮して、周囲から浮いて、仲間外れになる「恐れ」
・やる気を出して、仕事が忙しくなり、時間がなくなる「恐れ」
・後輩に仕事を教えることで、後輩が成長して、自分の居場所がなくなる「恐れ」
・部下・後輩に任せて、お客様からクレームが起き、逆に面倒になる「恐れ」
・目標を達成しないことで、会社からの評価が下がり、自分の役割がまっとうできない「恐れ」
・重要な意思決定をして、責任を負わされ、失脚する「恐れ」

　これらの「恐れ」は無自覚な場合が多く、自覚的であっても、進捗管理のミーティングで「私は、失敗して評価が下がるのが嫌なので、実行しないのです」とは誰も言いません。したがって、１on１などでじっくり耳を傾けることで、ようやく聴きだせる貴重な情報なのです。部下の本音を引き出し、さらに部下の無自覚な領域の本音を引き出す１on１の進め方については、第５章で解説します。

■内省型リーダーシップを発揮するための実践ガイド■

> **進捗管理は、ミーティングと1on1を使い分ける。**

　当たり前ですが、メンバーの発言は、公の場と個別の場では異なります。また、必ずしも本音を言うとは限りませんし、マネジャー向け・同期向け・後輩向けなど誰に話すのかによっても発言内容が変わってきます。

　それでも、マネジャーは実態を把握して、最適な意思決定をしなければなりません。そのためには、進捗管理のミーティングや1on1での心理的安全性が大切です。これまで、PDCAサイクルについて触れてきましたが、これが機能するのは心理的安全性が担保されていることが前提です。心理的安全性というOSの上に、PDCAサイクルというアプリケーションが上手に機能すれば、皆さんのチームは最大のパフォーマンスが発揮されるでしょう。心理的安全性について、詳しくは第8章で解説します。

MG-PDCAサイクルのチェックリスト

　研修では、第３章・第４章で解説してきたMG-PDCAサイクルの定着における重要な点をチェックリストにして配布しています（図表C-１参照）。ぜひ活用してください。

【図表C-１　MG-PDCAサイクルのチェックリスト】

MG-PDCAサイクルの定着シート🔍　　　　　　　　年　　　月　　　日

【このシートの使い方】
方針の展開・目標設定を現場で定着させるためのシートです。
各項目が実施できたらチェックをつけ、気づいたことや質問したいことを記入してください。
質問には別途メールなどでお答えするようにします。
ご自身の反応行動にも気を配りながら、MG-PDCAサイクルの定着を進めてください。

Missionの策定

No.	チェック内容	チェック
1	方針に戦略（これからの顧客や新商品・サービス）が記載されているか	☐
2	方針に重点課題が記載されているか	☐
3	方針には、時間の再配分の指針が記載されているか	☐

【実施して気づいたことや質問したいこと】

Missionの展開

No.	チェック内容	チェック
4	中期経営計画・全社方針をじっくり咀嚼する機会があるか	☐
5	中期経営計画・全社方針について、フレームワークなどを使って、上司と対話しながら捉え方の交換ができているか	☐
6	やることの優先順位付けや、やめることが上司と共有されているか	☐

【実施して気づいたことや質問したいこと】

Goalの設定

No.	チェック内容	チェック
7	自部署の1年後（6ヵ月後）のありたい姿が描かれているか	☐
8	自部署の1年後（6ヵ月後）のありたい姿を部門メンバーで共有しているか	☐
9	自部署の1年後（6ヵ月後）のありたい姿について、フレームワークなどを使ってメンバーと対話しながら捉え方の交換をしているか	☐

【実施して気づいたことや質問したいこと】

Planの策定

No.	チェック内容	チェック
10	実行計画は、部下が実行できるレベルまでかみ砕かれているか	☐
11	実行計画には、仮説が記載されているか	☐
12	計画策定時には、メンバーを巻き込んでアイデアだしをしているか	☐

【実施して気づいたことや質問したいこと】

Check・Action の実施方法

No.	チェック内容	チェック
13	進捗管理では、計画の実行度合いと出した効果について検証しているか	☐
14	進捗管理は、1ヵ月に一度程度実施しているか	☐
15	進捗管理では、新しい打ち手を考えているか	☐
16	新しい打ち手は、メンバーを巻き込んでアイデアだしをしているか	☐

【実施して気づいたことや質問したいこと】

【参考】上記のデータは、グローセンパートナーのHPからダウンロードが可能です

第5章

・・・・・・・・・・・・・・・

面談や
1on1ミーティングの
スキル

5－1　面談や１on１ミーティングの目的

■現場が抱える課題■

　この章では、面談や１on１の目的の再設定や効果的な実施方法、評価者研修で伝えている目標設定面談やフィードバック面談を応用した部下との日常のコミュニケーション方法について触れていきます。また、私自身１on１への苦手意識が強いため、その成功体験・失敗体験も加えて、解説を進めていきます。

　マネジャーの中には、１on１について「ただでさえ忙しいのに…」「効果が薄い」と感じている方がいるかもしれません。逆に部下からは、「同じことを言われるので、うんざりする」「忙しい時間を割いてもらっているので、マネジャーとの人間関係を壊さないように、納得したふりをしている」という声があがります。マネジャー・部下ともに面倒だと思っている１on１ほど、生産性が低い時間はないと思います。ここからは、その考え方・解釈が変わることを期待して解説を進めていきます。

■課題が発生する真因■

> ### １on１の目的の置き方が間違っているから。

　マネジャー・部下ともに面倒だと思っている１on１は、目的の置き方が間違っていると考えています。

　まず、１on１の目的は、マネジャーのための時間なのでしょうか、それとも部下のための時間なのでしょうか。一般的に１on１は、部下の成長を促進したり、部下の問題を解決したりする時間だと捉えられていますが、実際には以下のようなケースが多いように感じています。

　コントロール型のマネジャーは、部下が話し出すと遮ったり、待てずに結論を述べたりすることが多いです。１on１の時間をマネジャー側の日

134

ごろ感じている部下の問題点解消のために使ってしまい、１on１後に振り返ると、マネジャーが８割以上話をしていたということがあるかもしれません。

　先送り型のマネジャーは、部下に指導したいけどついついオブラートに包み、指摘したいことを言えずに自分の中にストレスを蓄積していることが多いです。こちらも、オブラートに包むと話す時間が長くなり、同じくマネジャーが８割以上話をしていたという結果になりがちです。

　どちらの型のマネジャーも、１on１がマネジャー都合の問題を解決するための時間になっているのだと思います。そのような１on１を受ける部下の立場に立つと、うんざりしたり、わかったふりをしたりすることが横行するのも仕方がありません。もし、部下の悩みを解消する１on１ができるマネジャーになれたら、名高いカウンセラーのように、部下が１on１を待つために列を作るかもしれません。

　もう少し、１on１の目的を深掘りします。１on１の目的は人材育成であり、１on１後に認識の変化が起こることが望ましいです。１on１後の認識の変化を、マネジャーと部下で分けて図表５-１-１に整理しています。一番効果が高い１on１は、マネジャー・部下ともに認識の変化がある１on１、一番効果が低い１on１は、マネジャー・部下ともに認識の変化がない１on１でしょう。

【図表５-１-１　１on１後の認識の変化】

効果	効果のレベル	1on1後の認識の変化	
		マネジャー	部下
低い	I	× 変化なし	× 変化なし
↕	II	× 変化なし	○ 変化あり
	III	○ 変化あり	× 変化なし
高い	IV	○ 変化あり	○ 変化あり

多くの１on１で、マネジャー側は効果のレベルⅡを目指していると推察しています。少し意地悪な表現をすると、「自分は正しいから、部下を変えてやろう」という姿勢で１on１に臨んでいるように思います。そのような思惑がある場合、部下は最初から抵抗感を示します。したがって、１on１の目的を、効果のレベルⅢに置き換えることをおすすめしています。１on１の目的を、マネジャー自身の気づきのためとします。部下の話を聴き、部下の要望を受け止め、部下の要望に応えることに徹します。そうすると、部下に安心感が生まれて、余白が生まれます。この余白が、部下の成長の伸びしろとなります。

　余白ができると、部下は必ず「ところで、私の課題はなんですか？」と尋ねてきます。部下に余白がないときには、このような質問は出てきません。部下に余白がない状態で強制的に成長を促すのは難しいため、部下の余白ができるまで待つことが大切です。

　部下の成長意欲が低い場合でも、マネジャーが耳を傾け続けることで、部下の行動が変わってきます。心の余白ができるまで、じっくり部下の話を聴いてあげてください。

　１on１は、マネジャーの気づき＝成長を促進する貴重な時間であると捉え直しましょう。個人的には、部下からの率直なコメントは、書籍を読んだり、研修を受けたりするよりもかなり気づきが多いと考えています。

■研修で伝えていること■

　弊社では、相互変容１on１と称して、マネジャーも部下も変容する１on１のスキルをお伝えしています。冒頭に、１on１の目的は「部下が抱えている問題の解決に焦点を当てること」と念押しをしています。その中でも、部下の自覚的な問題と無自覚的な問題に分けて解消を図るスキルをお伝えしています。

　部下が自覚している問題でも、心理的安全性が低いと部下は本音を言えません。この状態では、部下が抱えている問題はマネジャーには見えませ

ん。問題が隠れたままアドバイスをしても、適切な解決策につながるとは限りません。部下が心理的安全性を感じ、本音を発言するまでは、ただただ部下の話を聴く、すべてを受け止めることが有効だと伝えています（図表5-1-2のリフレクションのスキル・感情に寄り添うスキル）。

　無自覚的な問題とは、部下が自分の中でまだ認識できていない問題のことです。例えば、高い目標を掲げてチャレンジを避けることは、失敗する恐れや、評価が下がる恐れなどが存在するからかもしれません。これらの無自覚的な問題を見つけ、解消を図るスキルをお伝えしています（図表5-1-2の相手の世界観に立つスキル）。

　リフレクションのスキル・感情に寄り添うスキル・相手の世界観に立つスキルについては、この章の後半で詳しく触れていきます。

【図表5-1-2　1on1で取り扱う内容】

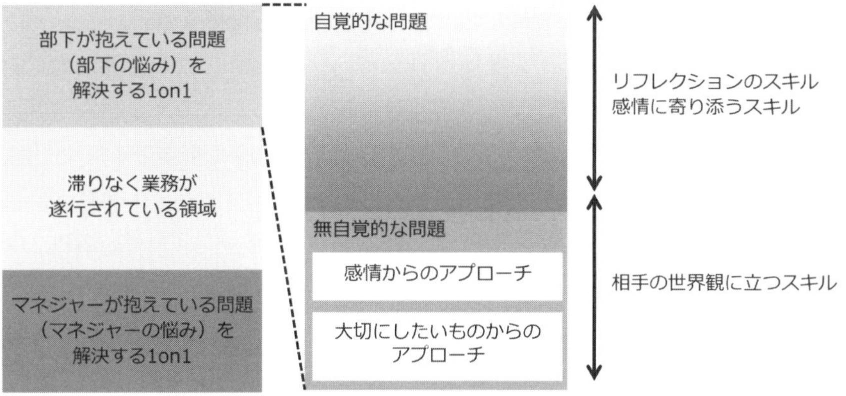

■**内省型リーダーシップを発揮するための実践ガイド**■

> **1on1を実施する目的は、マネジャー自身の成長のためであると捉えなおす。**

　私自身の内面を表現すると、1on1は怖いと感じています。部下から

自分の至らなさを伝えられたり、自分の無能さを表現されたりするかもしれないという妄想があるからだと思います。そのため、1on1を後回しにしたり、表面的な1on1をしたりしていました。

　ある時、覚悟を決めて、1on1を通して部下としっかり向き合うことにしました。部下の話をじっくり聴き、自分の課題を伝えてもらったときに、そこには「会社のため」「マネジャーである自分のため」という部下の愛情しかないことがわかりました。開けるのが怖くて蓋をしていた箱を、勇気を出して開けてみたら、そこには愛しかなかったという感じです。このような体験をしたマネジャーは多くいると思います。もし未体験であれば、勇気を出して部下の話にじっくり耳を傾けることをおすすめします。1on1が徐々に楽しくなってきます。

　もし、部下からマネジャーの至らなさを伝えられた場合、それは心理的安全性が確保されている証拠であり、マネジャーの成長を望んでいる、あるいは真剣に職場の環境を良くしようと考えている証拠です。また、部下からマネジャーの能力不足を指摘された場合、その点を改善するための対策を約束するか、対応が難しい場合はその旨を認めて他のメンバーに対応を任せる方法も考えられます。すべてを自分でやる必要はないのです。このプロセスを通じて、重たい鎧を着たリーダーシップスタイルから、素のままを出せる気楽なリーダーシップスタイルに変わっていきましょう。その方が、部下から信頼され、慕われる存在になります。

■受講者の声■

　相互変容1on1研修後に、1on1を実施した受講者の声を紹介します。

　・自分の弱みに向き合うことは勇気が必要でしたが、部下からサポートの提案があり、自発的に前向きな意見をたくさん出してくれました。変に威厳を出したり虚勢を張ったりするより、ありのまま誠実に向き合う方が、絆の深まりが早く、強固になった気がしました。

・部下が一気に話してくれました。私からは質問もほぼせず、ほとんど相槌のみでした。話をしたかったのだなぁと思いました。これからも彼女だけでなく、関わる方々の心が今より少しでも豊かになるように心がけて接していきたいと思います。

・相互変容１on１を実践して、いかに部下の話したいツボを探り、話をさせるかが大切だと感じました。部下の話を聴いていると、自分も「実はね…」と言いながら自己開示が増えていることに気づきました。

　１on１は自分を見つめる鍛錬の場になります。１on１で自分を客観視できるようになると、コミュニケーションのスキルは格段に上がると考えています。ぜひ、自分の成長のための１on１を実施してみてください。

5−2　なぜ、部下の話を聴けないのか

■現場が抱える課題■

　研修や書籍などで傾聴の大切さを学んでも、翌日からすんなり部下の話に傾聴できるとは限りません。頭では理解していても、ついつい部下の話を最後まで聴かずに結論を言ってしまったり、本当は部下の意見を受け入れたいけど、ついつい否定的な発言をしてしまったりすることはあると思います。

　これらの反応行動（ついつい…してしまう）の厄介な点は、頭では理解していても、自分の意図に反して反応的に表れてしまうことです。本人が自覚的で反省している場合は良いのですが、無自覚なことが多く、繰り返し反応行動を起こしてしまいます。第２章でもお伝えしたように、反応行動は単に思考で理解するだけではなく、体の反応を緩和する方法を理解しないと制御できません。

自分の行動を、意図した行動と反応的な行動に仕分けできると、１on
１のレベルが格段に向上します。この節では、主に反応行動に焦点を当て
て説明していきます。

■課題が発生する真因■

> 　相手の話を聴けないという反応行動は、頭からではなく体からの
> 信号に基づいて表出されてしまうから。

　上記を２段階に分けて解説します。前半では、話が聴けない理由とそれ
に起因する問題、後半は反応行動について触れていきます。
　まず、話が聴けない理由について、話す能力と聞く能力の比較からお伝
えします。
　　・人が話すことができる能力は、100〜175単語/１分あたり
　　・人が聞くことができる能力は、600〜800単語/１分あたり
　と言われています。
　聞く能力の方が高いため、書類やメールを読みながら人の話を聞くこと
が比較的簡単にできます。そのため、忙しくなると効率を重視してしま
い、ついつい手を動かしながら人の話を聞いてしまうのです。
　しかし、１on１の際には、マネジャーの皆さんは手を止めているはず
です。では、部下が話をしているとき、マネジャーの聞く能力と、部下の
話す能力の差分＝425〜700単語/１分あたりは何に使っているでしょう
か？ほとんどのマネジャーは、相手の話を聞きつつ思考を働かせ、相手の
話を評価・判断・分析しながら聞いていることでしょう。
　しかし、聞きながら評価・判断・分析する行為そのものが、相手との信
頼関係を傷つけます（図表５-２-１参照）。

【図表5-2-1 評価・判断・分析は相手との関係悪化を生む】

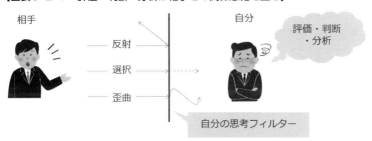

評価とは、相手の発言を自分の評価基準に照らして「良い」「悪い」と判別しながら聞くことです。判断とは、提案された内容を自分の判断基準に照らして「良い」「悪い」を判別しながら聞くことです。分析とは、相手の発言を自分独自のパターンや考え方に照らし合わせて、問題の真因を理解するプロセスです。

あえて、「自分の評価基準」「自分の判断基準」「自分独自のパターンや考え方」という表現を使用しました。これには、「自分が正しい」という前提があります。「自分が正しい」ため、「相手は悪い」「相手は不完全」「相手を変えないといけない」という隠れた前提があるのです。さらに、その正しさは、その人固有のものです。自分が正しいと思っていることは、この現実世界で普遍的に正しいとは限らないのです。

評価・判断・分析をしながら聞くことは、相手との関係の悪化を生みます。しかし、これはマネジャーが意図していることではないはずです。「次の1on1で、部下との関係を悪化させてみよう」と思いながら1on1を実施するマネジャーはいないと思います。逆に、1on1で求めているものは部下との信頼関係だと思います。そうであれば、評価・判断・分析を一旦保留して、部下の話のすべてを受け止めましょう。

続いて、話が聴けない反応行動について触れていきます。
第2章3節で解説した闘争・逃走反応は、1on1のときにも発生しま

す（図表 5 - 2 - 2 参照）。

【図表 5 - 2 - 2　闘争反応と逃走反応の例】

闘争反応の例	逃走反応の例
・相手に反論・意見する	・指示されたことだけをやる
・相手を説得する	・自分の意見を飲み込む
・相手の意見を聴かない	・相手に合わせる
・相手を判断・評価する	・実行するときは、慎重に行動する
・相手の失敗を責める	・何かやろうとしたことを先送りする
・相手の悪口を他人に漏らす	・チャレンジを避ける
・相手の弱みばかりに目が行く	・自分の中で言い訳して納得する
・ついつい怒りをあらわにする	

　また、それらの闘争・逃走反応は、意図行動と反応行動に分けることで、自分の内面を客観視できます。

　意図行動：本当はやりたい、意図している行動

　反応行動：無自覚的に選択する、ついついしてしまう行動

　1 on 1 でよく起こりがちな意図行動と反応行動の例としては、以下が挙げられます。

【闘争反応の例】

・本当は部下の話を最後まで聴きたいけど、ついつい結論を述べてしまう。

・本当は部下の意見を受け入れたいけど、ついつい悪い部分を指摘してしまう。

【逃走反応の例】

・本当は部下の課題を指摘したいけど、ついついオブラートに包んでしまう。

・本当は部下の意見を修正したいけど、ついついそのまま受け入れてしまう。

　ここまでの話を要約すると、本当は部下との信頼関係を築きたいけど、反応的に部下との関係が悪化するコミュニケーションをとってしまう構造にあるということです。このような反応行動に自覚的になり、抑制できれば1on1の質が上がります。

■研修で伝えていること■

　研修では、信頼関係を構築する聴き方と反応行動の扱い方について、以下のようにお伝えしています。

　まずは話が聴けない理由と、評価・判断・分析は相手との関係悪化を生むことについて解説します。その後、信頼関係を築くためにはどのような聴き方が必要か、受講者に質問しています（図表5-2-3参照）。

【図表5-2-3　信頼関係を築くための聴き方】

信頼関係を築くための聴き方には、どのような聴き方があるでしょうか。

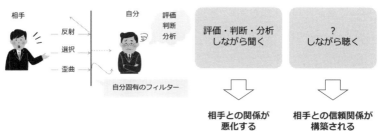

　すると、以下のような回答が返ってきます。

【信頼関係を築くための聴き方】
・相手の話を最後まで聴く。
・相手の顔を見て聴く。
・相手の話をうなずきながら聴く。

・相手の話に共感しながら聴く。

・相手の立場を考えながら聴く。

・笑顔で聴く。

　上記のように、皆さん信頼関係の築き方は理解しているのです。また、スキルとして難しいものもありません。例えば、「相手の話を最後まで聴く」は、まず相手の話を聴き、相手が話し終えてから自分が話をするという簡単なスキルですが、日常の１on１では意識しないとできません。

　次に、なぜそれらができないのかについて心の構造を解説します。図表5-2-4のように、部下との１on１で起きがちな意図行動・反応行動を質問しています。

【図表5-2-4　反応行動を客観視する】

 部下との1on1の場面において、自分の意図とは異なる反応行動を列挙してみてください。「本当は…したいけど」と「ついつい…してしまう」という言葉で表現してみてください。

| 本当は、 | 部下の話をじっくり聞き | たいけど、 |
| ついつい、 | 結論を述べて | しまう。 |

　質問には、以下のような闘争・逃走反応の回答が返ってきます。

【闘争反応の例】

・本当は部下の話を最後まで聴きたいけど、ついつい結論を述べてしまう。

・本当は優しく伝えたいけど、ついつい厳しく言ってしまう。

・本当は部下に考えてほしいけど、ついつい答えを言ってしまう。

> ・本当は最後まで話を聞いてあげたいけど、ついつい切り上げて話を
> してしまう。
> ・本当は部下の提案した内容を採用したいけど、ついつい最短ででき
> る内容を提案してしまう。
> 【逃走反応の例】
> ・本当ははっきり言いたいけど、ついつい遠回しに言ってしまう。
> ・本当は部下の問題点をはっきり伝えたいけど、ついつい飲み込んで
> しまう。

1 on 1の時に表現される反応行動は、闘争反応か逃走反応のどちらか
になります。時と場合によって両方表出する人もいますが、部下との1
on 1で表出しやすい反応行動を言語化しておくことで自覚しやすくなり
ます。

■内省型リーダーシップを発揮するための実践ガイド■

> 自分の反応行動を自覚し、保留できるようになるために、自分の
> 心の余裕にも気を配る。

第2章で心の構造として、妄想・感情・自分の生存欲求などが反応行動
を引き起こす要因だと解説しました。この点から、反応・感情などに自覚
的になることが重要です。そのためには、自分の身体に意識を向けること
が大切ですが、心に余裕がなければそれは難しいです。忙しさに追われて
いる場合は、自分の時間を確保し、休憩時間はできる限りリラックスし
て、呼吸を整えたり、思考を手放したりする時間を増やしていく必要があ
ります。

次に、自分の意図とは異なる反応行動があることを理解し、反応行動を
する前にそれを止める（保留する）ことができたり、反応行動をしてし

まった後でしっかり内省したりすることが大切です。

　また、自分はこのような反応行動を取りがちなので、それがあったら教えてほしいと部下に伝えることも有効です。自分が取りがちな反応行動を部下に開示すると、部下からの信頼が失われると思うかもしれませんが、実際は共感を生み、信頼感が増すため、ぜひ実行してみてください。そして、反応行動が出てしまった場合、部下に対して「ごめん」「すまない」と言えるようになると、徐々に反応行動は減っていきます。隠すと増える反応行動は、隠さずに見せると減っていくのです。

　反応行動は体からの反応であるため、自分の身体に敏感になると反応行動をしようとしている自分に気づけるようになります。私は、メールで反応的な文章を書いていると、左の頭頂部あたりがざわざわするため、その感覚があったら、メールを消去して書き直すようにしています。

　身体感覚を磨くために、自然の中で過ごす、ヨガをする、呼吸に気を配るなど、さまざまな方法がありますが、これらはとても大切な習慣です。

　最後に、反応行動を緩和する方法をお伝えします。反応行動を自覚できても、その反応行動をしようとする自分を抑えたり、否定したりすると、反応行動が増したり、新しい反応行動が生まれたりします。そのため、無理に抑え込むのではなく、反応行動をする自分も受け入れ、反応行動の奥にある自分の感情や欲求に気づいて手放すことが大切です。

　そうすることで、反応行動は徐々に緩和され少なくなります。それによって良質なリーダーシップが図れるようになり、コミュニケーションが円滑に進むようになります。

5-3　部下の話を全集中で聴く

　■現場が抱える課題■は、前節とテーマが同じであるため割愛します。

■課題が発生する真因■

> 相手の話を聴けてないという反応行動の奥には、「聴きたくない事情」があるから。

　ここまで、反応行動が部下の話を聴けなくしているという解説をしてきました。ここでは、反応行動が表出される事情を表現したいと思います。
　「聴きたくない事情」は、自分の意見を述べたくなることや、結論が見えて興味を失うことなどが挙げられます。また、自分の価値観と異なる意見は聞きたくないという思いや、自分に都合が悪い話を避ける傾向もあるでしょう（図表5-3-1参照）。いずれにせよ、これらの反応行動は無自覚であることが多いため、その回避は容易ではありません。図表5-3-1に示された聴きたくない事情を注意深く読んで、自分の行動パターンを自覚することで、無自覚な部分を意識化して、自分が話を聴いていない状況を認識できるようになってほしいと考えています。

【図表5-3-1　聴きたくない事情】

聴けない理由	解説
自分の話をしたくなってしまう	相手の話を聞いている間に、自分の結論・方向性・解答が思い浮かび、相手の話を聴くより、自分の話をしたくなる。
結論が見えて興味・関心を失う	相手の話の結論がわかった気になり、話の興味・関心が失せて、話を聴くのをやめてしまう。
自分の価値観と異なるから聞きたくない	自分の価値観や考え方と異なっているため、心理的抵抗から心を閉ざして、自分に都合が悪い話は聞きたくなくなる。
自分に都合が悪い話を回避する	自分にとって都合の悪い話を相手にさせないように、自分が話をすることで回避する。
他のことを考えてしまい集中できない	相手が話している間に、他のことを考え始めてしまうと、その思い巡りが制御できずに、相手の話に集中できなくなる。

■研修で伝えていること■

　研修では、主にリフレクションのスキル・感情に寄り添うスキル・相手の世界観に立つスキルをお伝えしています（図表5-3-2参照）。これは、1970年代にアメリカの臨床心理学者マーシャル・B・ローゼンバーグ博士によって体系化・提唱された、NVC（Nonviolent Communication＝非暴力コミュニケーション）を参考にしています。

【図表5-3-2　1on1で取り扱う内容（再掲）】

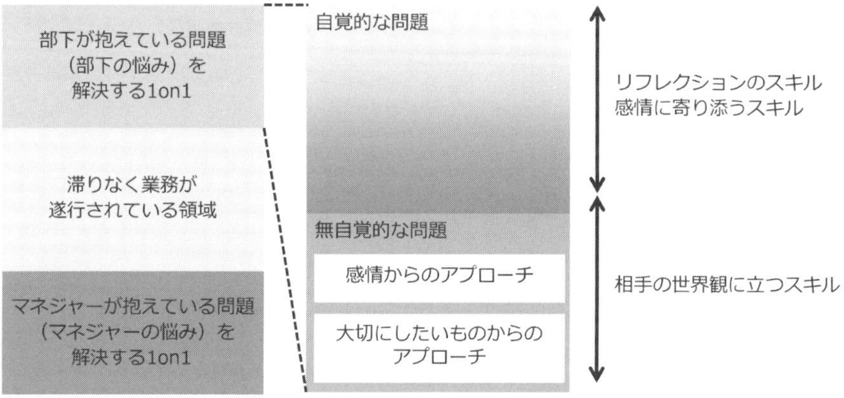

　まずは、リフレクションのスキルとして、100％の力で相手の話を聴くことから解説します。リフレクションとは、相手が体験したことを自分固有のフィルターを通さずありのままにすべてを受け取ることです。そして、受け取ったことを鏡のようにそのまま返すことです。その様子は一見オウム返しのようですが、相手に起きている体験を、そのまま鏡のように映し出す役割を担います。話し手は、自分に起きている体験を相手から鏡のように映し出されることで、説明しよう、わかってもらおうというそれまで相手に向いていた意識を、自分の内面に向けることができます。これにより、話し手は本音を話す準備を始めます。

　スキルとしては、相手の話を評価・判断・分析しないように、オウム返

148

し・要約しながら聴くことです。つまり、相手の話を100％集中して聴くということになります。傾聴のスキルは言葉だけでは伝わりにくいため、動画を見たりお互いの気づきを共有したりしながら研修を進めています。

　ここからは受講者の気づきや感想を織りまぜながら解説します。

　実際にリフレクションの演習を実施すると、傾聴を妨害する言動が表出します。頭ではリフレクションを理解しても、ついつい以下のような慣習的に行っている反応行動が表出してしまうのです。

・質問する　　　　　　例）それって、どんなときに感じたの？
・相手の話を乗っ取る　例）あるあるだね〜。自分はこんな体験を
　　　　　　　　　　　　　したよ〜。
・アドバイスする　　　例）そんなときには、こうしたらいいよ！
・分析する　　　　　　例）それはいい体験をしたね〜。
・同調する　　　　　　例）わかる！わかる！みんなそう思ってい
　　　　　　　　　　　　　るよ〜。

　マネジャーはどうしても、上記のような評価・判断・分析をしてしまいます。しかし、これらはマネジャーが部下が自由に話をする場を奪い取っている状態です。リフレクション中、マネジャーはただただ部下の話を受け止めるだけでよいのです。

　リフレクションの演習を体験した聴き手の感想は、以下のとおりです。

・相手がなにを訴えたいのか？という真因に近づいていくように聴こ
　えた。
・相手の話をオウム返しすることで、相手の話が深く入ってくる感じ
　がした。
・相手の会話を覚えてオウム返しするので、内容が記憶に残りやす

> い。
> ・相手が話していることを集中して聴けた。
> ・相手が体験したその場の状況を想像できた。

　100％集中して聴く体験をして、その効果を体感してもらいます。
　また、評価・判断・分析しながら聞くときに比べて、部下と自分の関係性がどう変化しそうかという質問に対しては、以下のような意見が出ます。

> ・言いたいことを聞いてくれるので、本音でしゃべってくれそう。
> ・マネジャー・部下という関係の意識が少なくなり、１対１で対等に
> 　話せそう。
> ・話をちゃんと聞いてくれるという安心感を持ってくれそう。
> ・相手が自発的に話すことで、関係性が深まりそう。
> ・マネジャーの指示出し型コミュニケーションから、部下からの提案
> 　型コミュニケーションになりそう。
> ・安心感を与えられる反面、急にやるとビックリされそう。

　リフレクションを実施することで、部下との信頼関係の強化が図れそうです。

　続いて、感情に寄り添う聴き方のスキルについて解説します。聴くことができる能力と、話すことができる能力の差が、425〜700単語/１分あたりだとお伝えしました。未利用の能力を利用して、相手の感情に寄り添いながら聴くことを目指します。無自覚で評価・判断・分析に使ってしまう領域を、相手の感情を感じることに使います（図表5-3-3参照）。感情という機能を使って聴くことによって、評価・判断・分析を抑制できるという効果も期待できます。

【図表5-3-3　感情に寄り添って聴くイメージ】

<通常の聴き方>　<感情に寄り添う聴き方>　<演習でのトライ>

　感情とは「怒り」「楽しい」「憂鬱」「喜び」など、短い表現になる体の感覚です。研修では、感情に寄り添って聴く＝相手の感情を感じながら話を聴くというワークをします。

　感情に寄り添って聴くとはどういうことかをイメージするために、まずは「相手の感情を感じる聴き方とはどのような聴き方ですか？」と問いかけています。

　受講者の声は以下のとおりです。

・話の内容を想像しながら感情をよせる。
・表情や声のトーンにも注目しながら聴く。
・相手の表情に共感して、自分もそれに合わせる（悲しそう、楽しそうなど）。
・頭だけではなく、感覚的に耳を傾ける。
・相手に起こったことを自分に起こったかのように捉えて、自分ごとのように感情を感じる。

　相手の感情を感じる聴き方は、思考では解説できない感覚的なものでもあります。どのような聴き方なのかお互いの考えを交換することでイメージの共有が進みます。

私があるワークショップで、初めて感情に寄り添って聴く演習をした際の経験を共有します。講師からは、「思考では一切聞かず、（その時に渡された）感情のリストを見ながら相手の気持ちを感じるように聴いてください」と説明を受けました。実際にペアで演習をした際、思考で聞いていないため、相手の言っている内容は理解できなかったものの、相手の立場や気持ちにすんなり共感できたという体験をしました。

　その際、講師に「相手が言っている内容は理解できませんでしたが、相手の立場や気持ちを理解できました。ですが、実際に相手と話をするときは、内容の理解も大切だと思います。その場合はどのように聴いたらいいのですか？」と質問しました。講師から「実際に相手と話をするときは、思考で聴くことと感情で聴くことを瞬間的に交互に使い分けて聴いています」と説明を受け、なるほどと感じました。

　実際には、思考で聴きながら感情を感じることができる人もいるかと思います。しかし、それができない場合は交互に聴いてみることもおすすめです。

　演習後、受講者に「感情に寄り添う聴き方はどのような場面で使ってみたいか」と質問したところ、以下のような回答が返ってきました。

・個人面談や悩み相談をされたときに使ってみたい。
・部下の様子がいつもと違うときの声掛けに使ってみたい。
・相手の感情が揺れ動いている（特に負の感情）ときに使ってみたい。
・会社のメンバーだけでなく、友人などに相談されたときに使ってみたい。
・あまり話したことがない人に使うと、深い話ができそう。

　先ほどご紹介したリフレクションや感情に寄り添う聴き方は、話を聴く

ときにいつもやってほしいスキルというより、場面に応じて取捨選択して
活用してほしいスキルです。特にリフレクションは、1on1の初期段階
で、「私はあなたの話を聴きますよ!」という宣言として使ってほしいで
す。

　最後に、相手の世界観に立つスキルについて紹介します。このスキル
は、図表5-3-1で紹介したとおり、相手の無自覚的な領域を取り扱いま
す。相手にも感情があり、その感情の奥には大切にしたいもの(生存本能
的な欲求)があるため、その感情や大切にしたいものに触れながら聴く・
質問するというスキルです。
　全体の流れは、図表5-3-4にあるように、

①相手の体験を感情とともに味わう(感情に寄り添う聴き方をする)。
②自分が感じた相手の感情を伝える(感じたまま表現してみる)。
③相手の大切にしたいものを推察する(感情の奥にある大切にしたい
　ものにあたりをつける)。
④自分が感じた相手の大切にしたいものを伝える(③の推察を表現し
　てみる)。
⑤大切にしたいものを尊重したアクションを一緒に考える(マネ
　ジャーから投げかけてもよい)。
⑥そのアクションが実行できるか確認する。

という流れで進めます。

【図表5-3-4　相手の世界観に立つ問いかけの流れ】

① 相手の体験を 感情とともに味わう	② 自分が感じた 相手の感情を伝える	③ 相手の大切に したいものを推察する
④ 自分が感じた相手の 大切にしたいものを伝える	⑤ 大切にしたいものを 尊重したアクションを 一緒に考える	⑥ そのアクションが 実行できるか確認する

【1on1の進め方のイメージ】

マネジャー：最近、気持ちが揺れ動いたことはある？
　部　下　：そうですね。この前のプレゼンがうまくいかず、悔しい思いをしました。（①）
マネジャー：悔しいという感情の奥に寂しさを感じるけど、それを聞いてどう感じる？（②）
　部　下　：確かに寂しさがありますね。みんなに申し訳ないというか…。（③）
マネジャー：仕事の成果も大切だけど、仲間を大切にしたいという思いがあるのかな？（④）
　部　下　：はい。皆のために頑張りたい。皆で協力して成果を出すことを大切にしたいです。
マネジャー：そうなんだね。それを大切にした時、次のプレゼンで何がやれそうかな？（⑤）
　部　下　：そうですね。プレゼンの前に何人かにフィードバックをもらうようにしてみます。
マネジャー：いいね！実際に実行できそうかな？（⑥）
　部　下　：はい。来週またプレゼンがあるので、やってみます！

　これまで、心の構造から「感情」や「自分の欲求」を説明してきましたが、部下も同じ心の構造を持っています。部下の話に耳を傾けながら、部下の感情に寄り添い、部下の感情の奥にある大切にしたいものに触れて、そこから解決策を一緒に考えるようにしましょう。

　研修で動画をお見せして、実際に相手の世界観に立つ演習をすると、以下のような感想がありました。

・部下に自己開示してもらうためにも、部下の世界観を大切にして話を進めようと思いました。
・相手が大切にしていることを把握して会話することが、お互いの信頼向上につながると感じました。
・相手の世界観に立つことで部下の自律性が養われ、主体的に働くことができるようになる気がします。
・部下の気持ちに寄り添って、自分ごととして捉えることで、自分の

　感情を切り離して聴くことができると感じました。
・相手の世界観を理解しようとすることで、自分の反応行動も軽くな
　りそうだと感じました。

　部下と1on1をして、大切にしたいものを尊重したアクションが言葉
になったとき、部下は「すぐにやりたいです」「居ても立っても居られま
せん。すぐに実行に移したいです」というやる気に満ちた発言をします。
これらの言動が生まれるということは、部下が認識していなかった新しい
解決策が発見されたということです。
　相手の話を全集中で聴くことをねらいとして、リフレクションのスキ
ル、感情に寄り添うスキル、相手の世界観に立つスキルをお伝えしまし
た。少しでもイメージをつかんでいただき、部下とのコミュニケーション
において活用いただければ幸いです。

■内省型リーダーシップを発揮するための実践ガイド■

> 部下の話を全集中で聴くと、話の見え方・聴こえ方が変化する。

　全集中で聴くことで、評価・判断・分析が抑制されて、部下の話の見え
方・聴こえ方が変わってきます。
　人は思考に没頭しがちです。通勤電車をイメージしてください。本も読
まず、音楽も聞かず、スマホも持たずに、ぼんやり座っていることを想定
してください。その時に、景色を見て綺麗だな～と感じたり、電車の音を
心地よいと感じて耳を傾けたりというような五感で感じることよりも、仕
事の段取りや夕食の献立を考えたりという思考に没頭しがちです。このよ
うに時間のゆとりがあるときは、他のことを考えてしまうのです。
　同じように1on1は、マネジャー側に比較的ゆとりがあるため、思考
を働かせがちになってしまいます。部下が話をしていることを先回りして
結論を想定したり、次の仕事の段取りを考えたりと、部下の話をほとんど

聴いてない可能性が高いです。中には、最初から最後まで部下の話を聴いていないという人もいます。

「全集中」という言葉を使っていますが、研修で演習を実施するとその難しさを体感できます。最後まで相手の話を聴くという、いたって簡単なスキルが実行できないのは、時間がないため効率的に仕事を進めたいというマネジャー側の欲求が原因です。その点に留意して、1on1の時間だけは他のことを考えずに、部下とゆっくり向き合う時間を過ごしてほしいです。

部下の話を全集中で聴けると、部下の見え方も変わってくるはずです。これが多様性を理解するスタートかもしれません。

もし、1on1で部下が本音を表現できたなら、「すっきりした」「やる気になった」など感情の変化が起きます。1on1の最後に感じたことや気づきなどの共有をして終わることも良いでしょう。

5-4 評価のフィードバックスキルの1on1への応用

■現場が抱える課題■

評価制度の運用について、被評価者にアンケートを取ったり、インタビューしたりすると、「評価結果に納得感がない」「適切にフィードバックを受けていない」という声があがります。部下が100％納得する評価のフィードバック方法はないと思いますが、不平・不満が残らないレベルには納得感を高めたいものです。

「納得感がある」というのは、期末のマネジャー評価と部下評価が一致していること、つまり、お互いに成果達成度や行動発揮度合いの認識が一致していることです。さらに、部下の達成感や成長感が加わるとなお良いでしょう。これらを実現できる1on1の要点を、マネジャーと部下の認識を合わせる視点から解説します。

　また、評価制度の運用レベルの向上だけではなく、日常のコミュニケーションのレベル向上を意図して、応用編をお伝えしていきます。

■課題が発生する真因■

> 評価の納得感が低いのは、期初・期中における期待値のすり合わせが甘いから。

　多くの現場では、評価制度は絶対評価で運用されています。絶対評価は、期初に設定した客観的基準（期待値）に対して優れているか・劣っているか、で判断します。目標管理では、達成基準に対してクリアできたか・未達だったか、行動評価では、行動基準に対して優れているか・劣っているか、で評価がされます。つまり、マネジャーと部下の間でこれらの客観的基準（期待値）の認識が一致していれば、自ずと評価が確定するため、「納得感がない」ということは理論的には避けられるはずです。

　では、なぜ納得感がない＝マネジャーと部下の認識が異なることが起こるのでしょうか。図表5-4-1に、マネジャーの認識・部下の認識の軸、期初・期末の軸でまとめています。

【図表5-4-1　マネジャーの評価と部下の評価が異なる理由】

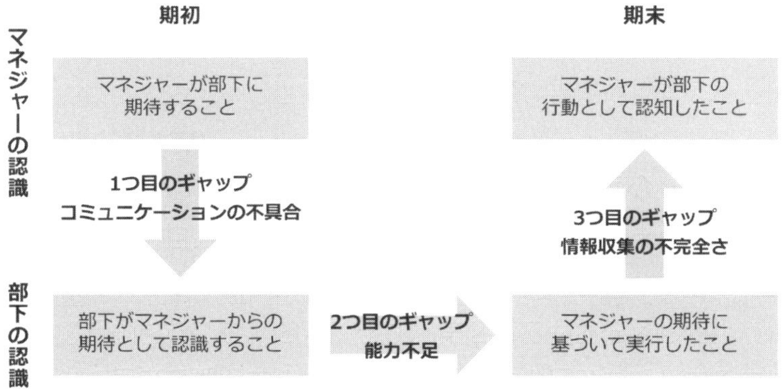

157

【1つ目のギャップ：期初に起こりがちなギャップ】
　マネジャーが認識する「部下に期待すること」について、コミュニケーションの不具合から、部下が認識する「マネジャーからの期待として認識すること」にギャップが生まれます。

【2つ目のギャップ：期中に起こりがちなギャップ】
　部下が認識する「マネジャーからの期待として認識すること」について、能力不足や実行回避などから、部下が実行する「マネジャーの期待に基づいて実行すること」にギャップが生まれます。

【3つ目のギャップ：期末に起こりがちなギャップ】
　部下が認識する「マネジャーの期待に基づいて実行したこと」について、情報収集の不完全さから、マネジャーが認識する「部下の行動として認知したこと」にギャップが生まれます。

　3つのギャップについて、詳しく解説していきます。

　まずは、3つ目のギャップから説明します。これは、マネジャーの観察不足といえますが、部下の行動を24時間365日観察し続けることは困難であるため、致し方ないギャップです。このギャップを埋めるためには、部下に確認するしかありません。部下の発言によって、マネジャーの認識が変わってくることもあるでしょう。

　続いて、1つ目のギャップは、回避したいギャップです。期初の1on1などで認識をしっかり合わせることが必要ですが、期中のフォローアップで修正やアドバイスをすることも大切です。同じ目標に向かってお互いに進捗管理やコミュニケーションをしていたら、期待値のギャップはその都度埋まっていくはずです。したがって、評価の納得感が低いのは、マネジャーのPDCAサイクルを回す力が弱いことや、コミュニケーションが手薄である可能性が高いと思っています。

　最後に、２つ目のギャップについてです。目標や実行計画を掲げることで、すんなり実行して成果を出せるほど、人間は器用にできていません。逆に、思いどおりに行動できないことや、何かの障害にぶつかって行動が止まることが多いため、これを解消するのがマネジャーの役割でもあります。２つ目のギャップに気づき、部下がぶつかっている障害を取り除くための支援や、能力不足に対する支援をすることこそ、人材育成といえるでしょう。

　マネジャーと部下のコミュニケーションでは、上記のような３つのギャップが生じます。このギャップが生じないためにも丁寧なコミュニケーションが必要です。

■研修で伝えていること■

　研修では、評価フィードバックの方法についてお伝えしていますが、この章ではその知識を日常のコミュニケーションに活かす方法をお伝えします。評価制度において、マネジャーの認識（＝一次評価）と部下の認識（＝自己評価）が異なることは、不満の原因になります。同様に日常業務でも、マネジャーが仕事を依頼したときの期待値と部下の納品物のレベルが異なると、マネジャーは不満を抱きます。マネジャーは、「もっと深い分析を期待していた」「もっと提案内容を具体的にしてほしかった」「もっと簡素な資料でよかった」など、自分の期待値を外れているため残念だと感じることがあります。

　この残念だと思う気持ちが出発点となり、部下への批判や悪い評価につながる可能性があります。これを回避するために、図表５-４-２に示されている方法を用いて、マネジャーと部下の認識のギャップを埋める方法をお伝えします。

【図表5-4-2　マネジャーと部下の認識のギャップを埋める方法】

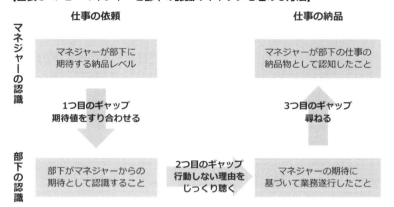

　最初に埋めてほしいのは3つ目のギャップです。部下からの仕事の納品時に、「あれ？」「おや？」と思うような自分の期待値と異なる点があったら尋ねるようにしてください。

　問いかけ方の例は、以下のとおりです。

■「もっと深い分析を期待していた」と感じた場合

・マネジャーの問いかけ例

「このデータは、もう少し深掘りしてほしかったけど、どう考えていた？」

・部下の回答例

「Aという業務の優先度の方が高いと思い、時間を割けませんでした」

・マネジャーの認識の変化例

（そうか、優先度について伝えていなかった）

■「もっと提案内容を具体的にしてほしかった」と感じた場合
・マネジャーの問いかけ例
「提案書に詳細な業務フローを記載してほしかったけど、どう感じ
ていた？」
・部下の回答例
「すみません、具体的な業務フローのイメージがつきませんでした」
・マネジャーの認識の変化例
（そうか、まだイメージが描けていないのか。自分が想定していた
よりも部下は業務フローへの理解が浅かった。もう少し説明すれ
ばよかった）

■「もっと簡素な資料でよかった」と感じた場合
・マネジャーの問いかけ例
「議事録は1ページくらいを想定していたけど、どう考えていた？」
・部下の回答例
「すみません、先々週の会議の議事録に準じて作成してしまいまし
た」
・マネジャーの認識の変化例
（そうか、この前の会議の議事録も長文だったな〜）

　上記のようにマネジャーが部下に尋ねることで、認識の変化が生まれる
ことがあります。部下は部下で合理性をもって行動を選択しているため、
尋ねることでつかめる事実もあります。
　私の体験談です。あるメンバーが納期どおりに仕事を仕上げてこなかっ
たため、「この仕事は今日が納期ではなかった？」と尋ねました。すると、
「島森さんが風邪気味だと聞いていたので、今日の報告はやめておきまし
た」と言われました。尋ねることで、頭ごなしに怒ることを回避できて、

本当に良かったです。

　次に埋めてほしいのが、１つ目のギャップです。３つ目のギャップを埋めるために尋ねてみても、お互いの認識のギャップが埋まらなかった場合に、期待値の確認をしましょう。

　問いかけ方の例は、以下のとおりです。

■品質に関する問いかけ事例（マネジャーの伝え方不足が発覚）
・マネジャーの問いかけ例
　「この資料の文章の正確さのレベルは、どのように認識していた？」
・部下の回答例
　「通常の社内報告書のレベルでよいかと思っていました」
・マネジャーの認識の変化例
　（そうか、A社向けには誤字脱字は厳禁だと伝えていなかった）

■コスト（時間）に関する問いかけ事例（部下の理解不足が発覚）
・マネジャーの問いかけ例
　「この仕事は、どのくらい丁寧に進めると想定していた？」
・部下の回答例
　「お客様への説明資料を想定して作成していました」
・マネジャーの認識の変化例
　（そうか、自分が理解できる簡素なレベルでよいと伝えたのに、簡
　　素のレベルが伝わっていなかったかな）

■納期に関する問いかけ事例（マネジャーが知らない事実の発覚）
・マネジャーの問いかけ例
　「この仕事の納期は、いつまでだと考えていた？」
・部下の回答例
　「昨日までと認識していましたが、急に他部門から依頼が来たので
　…」
・マネジャーの認識の変化例
　（そうか、そんなことがあったのか。報告してくれればよかったの
　になぁ）

　問いかけることにより、マネジャーの伝え方不足、部下の理解不足、マネジャーが知らない事実の発覚など、新しい認識が生まれます。ギャップがあれば、それを丁寧に埋めて、今後は期待値のギャップが起きないようにしっかりコミュニケーションしていけばよいだけです。このようなコミュニケーションができれば、マネジャー側の不満は残らず、部下の心理的安全性も担保できるでしょう。

　最後に、２つ目のギャップを埋めます。３つ目と１つ目のギャップが生じていなかったということは、部下がしっかり期待値を認識していたにもかかわらず、その期待値を下回る納品をしてしまったということです。
　この状況において、部下は自分で自分の能力不足や至らなさを認識していると考えられるため、１on１で部下の問題を解決してあげてください。人間関係の問題を抱えていたり、自分でブレーキをかけていたりすることが多いため、全体の場で聞くより、個別に話を丁寧に聴くことがおすすめです。これまで学んできたスキルを活用して、部下の話を聴いてみてください。

> 部下の仕事の納品レベルに違和感があったら、まずは尋ねる。

　よく起こりがちなコミュニケーションは、提案書などを直接赤ペンで修正したり、具体的な修正の指示を出したりといったものです。しかしこれでは、部下の想いを汲み取ることができません。

　まず信じるべきことは、部下は自分にできる最大限のよい仕事をしたいと思っていること、そして部下のなかで合理性をもってその仕事をしているということです。よい仕事をしたいという気持ちを汲み取り、部下が合理的に考えた流れのどこにマネジャーとの認識のギャップが生じたのかを客観的に把握できると、部下に怒りを感じたり、批判したりする必要がなくなります。

　器が広いリーダーシップを発揮するためにも、まずは尋ねることからスタートしてみてください。

5-5　目標設定面談スキルの１on１への応用

■現場が抱える課題■

　評価者研修を通じて感じるのは、実際に評価やフィードバック面談を実施してようやく「目標設定の大切さを理解しました」という声が多いことです。評価やフィードバック面談のときに、ようやく期待値がすり合っていなかったことに気づいて、「しまった！」と感じているのでしょう。

　この節では、効果的な目標設定面談の進め方（＝期待値のすり合わせ方）について、上記の「しまった！」を回避するためのスキルをお伝えします。フィードバック面談同様、評価制度の運用だけではなく、期待値のすり合わせという観点で日常のコミュニケーションにも応用していきます。

■課題が発生する真因■

> 期待値の認識ギャップが生じるのは、部下に質問を投げかけて、
> どう捉えたのかを聴いていないから。

　図表5-5-1は、第3章2節の方針展開の場面でも登場した図です。一方的に伝えても、受け手の捉え方がある以上、違う解釈をして当然という前提が必要です。この捉え方の存在が、マネジメントやコミュニケーションを難しくしていますが、逆に違う解釈が起こることを理解した人から良質なコミュニケーションが取れると考えています。

【図表5-5-1　期待値を伝えた後に捉え方の交換をする（再掲）】

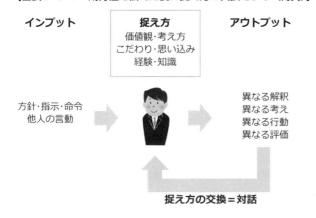

　マネジャー・部下のコミュニケーションでは、マネジャーが指示をして、部下がそれを実行するという関係で仕事をすることが多いと思います。その場合、マネジャーが仕事の期待値を伝えた後に、お互いの捉え方を交換するプロセスを導入してみてください。このプロセスを省いてしまうと、仕事の進め方や納品物がイメージと異なるということが起こります。
　このプロセスも、やることは至ってシンプルで、「問いかける」だけです。

・仕事の品質レベルを確認したいとき　「どれくらいの工数をかけて、どのようなアウトプットにするつもり？」
・仕事の進め方を確認したいとき　「どのような段取りで進める予定？」
・仕事の難易度が高そうなとき　「どのあたりでつまずきそう？」

　など「問いかける」ことによって、部下が想定している仕事のレベル・進め方がわかります。

　私もこの「問いかけ」をするのを忘れがちで、指示をしたメンバーから「納期はいつですか？」とよく聞かれます。また、メンバーから「研修で皆さんに紹介しているような捉え方の交換が漏れているから、このような問題が生じるのですよ」と指摘を受けたこともあります。

　特に定型業務においては、時間が経過するにつれて、マネジャーが意図していない仕事が継続されていたり、仕事の進め方が複雑になっていたりします。仕事の生産性を高めるためにも、定期的に仕事の進め方を確認して、修正のフィードバックが必要だと感じています。

■研修で伝えていること■

　研修では、図表5-5-1の捉え方の交換を、目標設定面談で行ってほしいとお伝えしています。目標設定面談のフローを少し加工して、期待値すり合わせのフローを図表5-5-2に示しました。

　まず、マネジャーから部下に仕事の「期待値」を伝えて、その後に、部下が仕事の「達成イメージ」「仕事の進め方」を説明すると捉え方の交換ができます。「達成イメージ」はマネジャーの「期待値」とあっているか、「達成イメージ」に対して、どのような「仕事の進め方」をするつもりなのか把握できます。捉え方の交換をして、「達成イメージ」「仕事の進め方」が一致している場合は、承認して終了です。「達成イメージ」「仕事の進め方」が一致していない場合は、質問をしながらすり合わせます。

【図表５-５-２　期待値すり合わせのフロー】

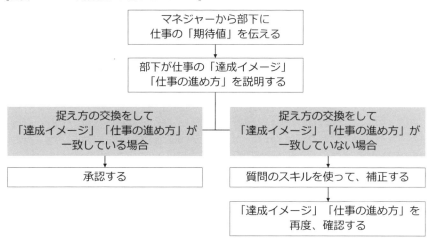

　「達成イメージ」「仕事の進め方」が一致していない場合は、図表５-５-３のような問いかけをしてみてください。第４章で解説した課題解決のフレームワークと同じ構造です。まずは、Step１のありたい姿から確認して、Step２・３・４の順番で確認して、Step５の実行計画について質問したり、アドバイスしたりしながら、お互いの認識を一致させてください。

【図表 5-5-3　期待値をすり合わせる問いかけ】

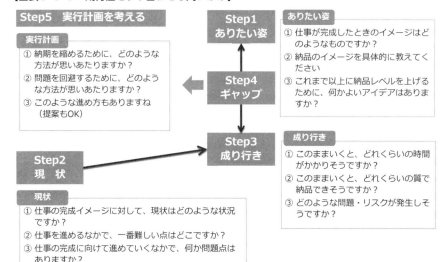

■内省型リーダーシップを発揮するための実践ガイド■

> ### 仕事の期待値をすり合わせるために、捉え方の交換を行う。

　この捉え方の交換を行うことで、徐々に価値観や判断基準がすり合ってきます。最初は、捉え方の交換に時間がかかるかもしれませんが、価値観や判断基準がすり合ってきたら、かかる時間は少なくなっていくでしょう。

　この捉え方の交換＝対話だと考えています。会議や1on1で捉え方の交換ができると認識がすり合っていくため、マネジャーが一方的に話をするよりも、対話の時間を持つ方が、業務の効率は上がると考えています。

コラム

人は本心とは違うことを口にする

　人の内面を掘り下げていくと、「劣等感」「孤独感」に行きつくといわれています。私自身、内面探求を10年以上続けてきた結果「劣等感満載の自分」「孤独になるのではないかという不安」にたどり着きました。これだけの探求をしてようやく自覚できたため、多くの人は自分の中にある「劣等感」「孤独感」に無自覚な場合が多いのでしょう。人はこの「劣等感」「孤独感」が引き金となって、発言や行動を選択することが多々あります。

　例えば、「自信がないから、しっかり褒めてほしい」という本心を持っている部下が、上司に「褒めてください」とはなかなか言えないでしょう。逆に、「適切な評価をしてもらっていない」「上司との１on１の納得度が低い」という表現をしてしまうかもしれません。部下の声をそのまま受け取ると、上司や人事部門が、間違った問題解決を進めてしまう可能性があります。

　他にも、職場では本心とは異なる声があります。
　・（意思決定することが怖いから）「この観点で分析したのか」と資料を
　　要求する役員
　・（仲間外れになるのが怖いから）「全て報告しろ！」と怒るマネジャー
　・（ミスをするのが怖いから）「これでよいでしょうか？」と何度も確認
　　する部下
　このように、本心とは異なる発言に惑わされると、仕事が増え、生産性が落ちてしまうのです。

　したがって、相手が本心を話しているかどうかを見極める能力が必要です。これには、話し手の感情を感じながら聴くことや、直感を大切にすることが有効です。直感を大切にできると、相手の感情に触れたときに「恐れがあるな〜」とわかったり、「これは本心とは違うことを口にしているな〜」とわかったりします。頭で考えがちですが、感情や直感も考慮にいれて行動を選択してみてください。

　この様な状況の対処方法は、本書でも触れた相手の世界観に立つことです。相手の感情に触れつつ、相手の欲求を満たせる提案をしてみてください。

第6章

忙しさからの解放

6-1 忙しさからの解放とは

■現場が抱える課題■

　この章では、多くのマネジャーが直面する「忙しさ」の問題に焦点を当てます。私たちが「忙しさからの解放」をテーマに取り組み始めたきっかけは、ある人事担当者のつぶやきでした。その方は、「研修を提供することの意義は理解しており、現場のマネジャーも学びたいという気持ちはあります。しかし、マネジャーは忙しすぎて、研修を受ける余裕すらありません」と語りました。

　実際に、以下のような声を受講者からも聞きます。

　　・研修での学びを実践したいと思っていますが、業務が多すぎてその
　　　余裕がありません。
　　・研修中も絶えず携帯電話が鳴っています。
　　・日中は会議などで時間が取られ、実際の業務は終業後や休日になっ
　　　てしまっています。

　マネジャーには多くの役割がありますが、時間配分を工夫することで問題は克服できると考えています。すべてのマネジャーは、他の方と同じく１日24時間が与えられています。「忙しい」と言っているマネジャーがいる一方で、多岐にわたる仕事をスマートにこなしているマネジャーも存在します。この違いは、「自分の仕事を減らすスキル」の有無にあると考えています。

　研修では、図表6-1-1のような「ビジネスを創るスキル」「将来を描く・創るスキル」「部下とのコミュニケーションスキル」などを学びます。しかし、既に時間に追われているマネジャーに、やることを増やすスキルを提供しても、実行に移せる可能性は低いと思います。そこで、私たちは

「自分の仕事を減らすスキル」を研修に取り入れるようにしました。この章では、忙しさからの解放と称して、「自分の仕事を減らすスキル」を紹介します。

【図表6-1-1　マネジャーの時間配分と求めるスキル】

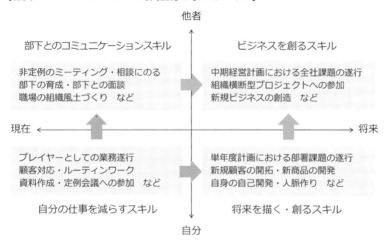

「自分の仕事を減らすスキル」が身についていないマネジャーは、最終的に業務過多となり、成果が思うように上がらなくなります。その結果、自分も部下も疲弊し、放置すると心身の健康を害する可能性もあります。ゆえに、「自分の仕事を減らすスキル」は、組織の健全さの維持やメンタルヘルスの視点からも必要不可欠なスキルだと考えています。

■課題が発生する真因■

> マネジャーとしてやることが増える一方で、自分の仕事を減らしていないから。

コンサルティングや研修の場で、マネジャーと対話をする中で気づいたことは、「自分の仕事を減らすスキル」を身につけていないマネジャーの

多くが、「減らせる業務はない」と主張する傾向があることです。この傾向の理由は、マネジャーが「自分の仕事を減らすスキル」を理論的に学んでいないことや、「自分の仕事を減らすこと」に罪悪感を感じていることが起因しています。これを解決する方法として、インテグラル理論[9]を基にした個人・組織の軸、外面・内面の軸の4象限のソリューションを開発しました（図表6-1-2参照）。

　図表6-1-2の4象限の右上象限・右下象限は、この節で解説します。左上象限は2節、左下象限は3節で解説します。

【図表6-1-2　忙しさからの解放の4象限】

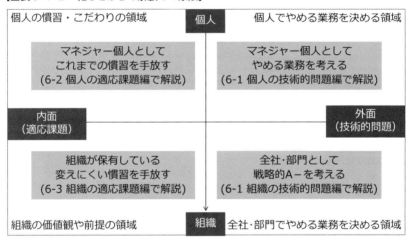

　忙しさからの解放の4象限では、外面・内面という軸で整理しましたが、外面は「技術的問題」、内面は「適応課題」と関連づけると理解が進みます。「技術的問題」と「適応課題」は、ハーバード・ケネディ・スクールで25年間リーダーシップ論の教鞭をとったロナルド・ハイフェッ

9　インテグラル理論とは、アメリカの現代思想家ケン・ウイルバーによって提唱された世界や物事を統合的・包括的に捉えるためのメタ理論（思想）です。この書籍では、インテグラル理論の4象限、「外面」と「内面」、「集団」と「個別」という軸によって構成されるフレームワークを参考に解説しています。

ツ氏が提唱したフレームワークです（図表6-1-3参照）。

【図表6-1-3　技術的問題と適応課題】

用語	解説
技術的問題 Technical Problems	技術的問題は、かなり複雑で重要な場合もあるが、すでに解決策がわかっており、既存の知識で実行可能である。高度な専門知識、組織内の既存の構造、手続き、実行方法によって解決できる。
適応課題 Adaptive Challenges	適応課題は、人々の優先事項、信念、習慣、忠誠心を変えなければ対処できない。発見を導くような高度な専門性だけでなく、ある凝り固まった手法を排除し、失うことを許容し、改めて成功するための力を生み出さなければ前に進められない。

出典）『最難関のリーダーシップ ― 変革をやり遂げる意志とスキル』 ロナルド・A・ハイフェッツ

　技術的問題は、知識やツール、ノウハウを活用して解決できるものです。具体的には以下のようなものがあります。

　・解決方法が誰にとっても明確であるもの
　・ナレッジやノウハウ提供で解決できるもの
　・ツールの導入や手法・手順を変えることで解決できるもの
　・過去事例をベースとした解決方法が適用できるもの
　・技術支援だけで直接的に解決に寄与できるもの

　一方で、適応課題は過去のノウハウや事例・技術だけでは解決できず、新たな視点や考え方、従来の価値観や慣習の見直しを必要とするものです。具体的には以下のようなものがあります。

　・現段階で解決方法がわからず困っているもの
　・ナレッジやノウハウがあっても、それを実行しようとすると誰かの
　　抵抗が伴うもの
　・ツールや手法を導入しても、リスクが気になり、恐れや不安を伴う

ようなもの
・過去の事例をそのまま当てはめてもうまくいかないことが明確なもの
・意思決定する参加者や、実行する部下の捉え方や価値観、信念を変
　える必要があるもの

　以下は、技術的問題の具体例です。複雑な問題もありますが、解決策が
見つかると比較的短時間で問題が解決できます。

・生産ラインで頻繁に起きるトラブルがある。
・人事データベースがないため、異動対象者の抽出・決定・調整に時
　間がかかる。
・需要予想が外れるため、生産計画がぶれて困っている。

　以下は、適応課題の具体例です。これらは解決策が見つからず放置され
がちで、自分たちが問題を引き起こしていると認めない限り解消しない問
題が多いです。

・会議の時間は無駄だと思うが、会議を減らせない。
・一人前に成長した優秀な若手社員から離職していく。
・残業を減らせと言われるが、部下も忙しくしており、管理職に仕事
　の負荷がかかっている。

　ロナルド・ハイフェッツ氏は、適応課題を技術的問題として扱うと失敗
すると指摘しています。私たちの「忙しさ」を生み出す問題にも、単にス
キルやツールの導入で解決できる「技術的問題」と、従来の価値観や慣習
の見直しを必要とする「適応課題」が混在しています。

■研修で伝えていること（個人の技術的問題編）■

　忙しさからの解放について、個人が対処できる技術的問題（外面の問題）の軸から紹介します（図表6-1-2の右上象限参照）。この内容は研修の最後に紹介しています。研修では主に、マネジメント論やコミュニケーション論（共にマネジャーの仕事が増えること）を学び、最後に自分の仕事を減らすスキルを学びます。このスキルは、約30分の演習で習得可能です。

　研修では以下の流れで進めています。

Step1：自分の時間の使い方を棚卸しする。
Step2：自分のありたい理想の時間配分を考える。
Step3：やめる業務を決定する。

　Step1の自分の時間の使い方の棚卸しは、受講者に研修の事前課題として、図表6-1-4にある1週間の仕事の振り返りを依頼しています。ある1週間を選定し、どのような業務にどのくらいの時間を費やしたかを記入してもらいます。

【図表6-1-4　1週間の仕事の振り返り】

1週間の仕事の振り返り		部署名		氏名	

【目的】研修で、マネジャーとしての時間の使い方を学びます。下記の事例に基づいて、ご自身の1週間の時間の使い方を記入してください。
　　　　個人演習・グループ演習で使うものなので、それほど精度が高くなくても結構です。
※事前提出の必要はございません。研修当日に2部印刷しご持参ください（提出用＋ご自身用）。
※★の部分は、研修当日使いますので、記入の必要はありません。

月日 曜日	事例	（　）月（　）日 月曜日	★	（　）月（　）日 火曜日	★	（　）月（　）日 水曜日	★	（　）月（　）日 木曜日	★	（　）月（　）日 金曜日	★	（　）月（　）日 土曜日	★
9:00	メール処理												
10:00	企画書作成												
11:00	○○会議												
12:00	ランチ												
13:00	移動												
14:00	○○訪問												
15:00													
16:00	月報作成												
17:00	メール処理												

　Step2の自分のありたい理想の時間配分を考えるについて、まずは図表6-1-4にある★の記入欄に、事前に記載した業務が「将来×組織の時間」「将来×自分の時間」「現在×組織の時間」「現在×自分の時間」のどの時間にあたるか、記号や色分けして記入します。その後、マネジャーとして本来ありたい時間配分を考えます。図表6-1-5のように「現在割いている時間配分」と「将来にあてたい時間配分」を数字で記入してもらいます。

【図表6-1-5　優秀なマネジャーに必要な時間配分の意識（再掲）】

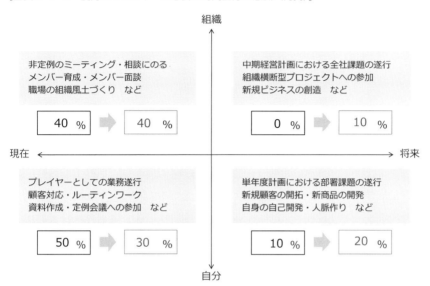

このワークを行うと、多くのマネジャーは右下象限の「将来×自分の時間」や左上象限の「現在×組織の時間」を増やすことを設計します。この時間を確保するためには、左下象限の「現在×自分の時間」を減らすしかありません。図表6-1-5の例でいうと、20％ほど「現在×自分の時間」を減らす必要があることがわかります。

Step3のやめる業務を決定するについては、図表6-1-6のような演習を実施しています。時間配分の最適化を図るために、やめる業務・やり方を変える業務・部下に任せる業務を意思決定してもらいます。

【図表6-1-6　自分の仕事を減らすために】

Exercise

「将来」の時間、「組織」の時間を捻出するために、やめる業務・やり方を変える業務・メンバーに任せる業務をここで意思決定してください。

やめる業務	例）週報などの資料作成
やり方を変える業務	例）会議での情報共有は社内SNSを活用する
任せる業務	例）○○会議の出席は1名に絞って任せる

　このようなシンプルな演習でも、多くのマネジャーから「自分の時間の使い方がより明確になり、気分がスッキリしました」などの感想があがります。事後課題の実施状況を見ると、権限移譲が進み、部下の自主性が増したという報告が一番多いです。

■研修で伝えていること（組織の技術的問題編）■

　次に、組織全体で取り組む技術的問題（外面の問題）の軸について紹介します（図表6-1-2の右下象限参照）。

　こちらに関しては、第3章で紹介した内容を「忙しさからの解放～戦略編～」として研修を展開しています。この研修の最大のポイントは、戦略的意思決定ができる経営層を巻き込むことです。半日程度の研修でインプットと演習を行い、事後課題で戦略的A－を意思決定し、実行していただきます。

　第3章でも紹介した「A＋（前期の重点課題の改善）、B（戦略的な重点課題）、A－（業務の削減・効率化）」というフレームワークを活用して、具体的な業務内容と必要時間を算出します。

　A＋、B、A－について、再掲します。

A＋（前期の重点課題の改善）：既存のビジネスに改善を加えること
　　　　　　　　　　　　　　　（既に着手している施策）
B（戦略的な重点課題）　　　：上位方針で掲げられた戦略的な重点
　　　　　　　　　　　　　　　課題（新たに着手する施策）
A－（業務の削減・効率化）　：新しく増える業務に対し、その分減
　　　　　　　　　　　　　　　らす業務として決めたこと

　研修では、全社戦略の策定者（経営層や経営企画部門など）は、全社戦略（B）の実現におおよそかかる時間を想定し、その想定時間分のA－を考えます。部門戦略の策定者（部長など）は、部門戦略（A＋）におおよそかかる時間を想定し、その想定時間分のA－を考えます（図表6-1-7参照）。

【図表6-1-7　忙しさからの解放の4象限～戦略的A－～】

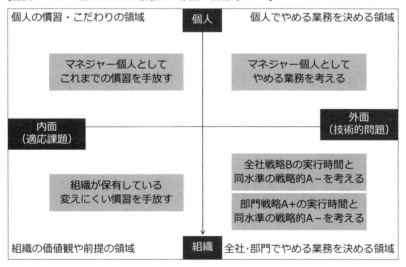

図表6-1-8に演習の進め方のイメージを示します。

【図表6-1-8　方針実行の必要時間の想定】

全社戦略（B）を実行するために必要な時間を算出してください。
必要時間に相応するA－の策を考えてください。

記号	解説	目標項目（何を）	必要な時間
B	来期の全社方針として、戦略として掲げられた重点課題	1. 2.	（　　　）時間 （　　　）時間
A－	Bの実行のために、やめる業務・効率化する業務	1. 2.	（　　　）時間 （　　　）時間

部門戦略（A＋）を実行するために必要な時間を算出してください。
必要時間に相応するA－の策を考えてください。

記号	解説	目標項目（何を）	必要な時間
A＋	今期を振り返って、やり残した・さらに改善したい重点課題	1. 2.	（　　　）時間 （　　　）時間
A－	A＋の実行のために、やめる業務・効率化する業務	1. 2.	（　　　）時間 （　　　）時間

　時間の可視化を通じて、方針や目標の達成に向けた現状における時間の使い方の課題が明らかになります。このアプローチにより、A－の時間が特に不足していることを理解し、慣習を打破することの必要性を再認識できます。全社戦略（B）の実行に向けたA－と、部門戦略（A＋）の実行に向けたA－では、やめる業務・効率化する業務の視点が大きく異なります。

【全社戦略（B）の実行に向けたA－の事例】
主に、事業・お客様・サービスの改廃や組織間の役割分担の課題解消が中心です。
・利益率が低い事業の撤退

・利益率が低いお客様の値上げや撤退
・営業部門と技術部門の連携強化による商品単価の向上　など

【部門戦略（A＋）の実行に向けたA－の事例】
主に、オペレーションの改廃や組織内の慣習の課題解消が中心です。
・お客様へのサービスにおけるマニュアル・資料作成の簡素化
・製図のデータベース化と標準化
・慣習で実施している会議を30％削減　など

　この研修が受け入れられやすい理由は、多くの役員・マネジャーが「忙しさ」が問題であることを認識し、時間を有効に活用して将来の戦略実行に投入したいと考えているためです。つまり、研修の目的と役員・マネジャーの要望が一致しているからです。また、時間の可視化による最大のメリットは、現状を維持したままでは方針や目標達成が難しいと実感させ、それに伴って健全な危機感とコミットメントが生まれることです。この危機感が、時間の使い方を徹底的に見直す大きな動機となります。

　あるIT系企業の経営層・マネジャー50名を対象に、事業部全体のA＋・B・A－を決定した事例を紹介します。3時間の研修を3回実施し、
　1回目：個人×外面の取り扱いによる1,200時間/月の削減案の抽出
　2回目：個人×内面の取り扱いによる700時間/月の削減案の抽出
　3回目：組織×外面の取り扱いによる今期実績13％の効率化、来期目標19％の効率化
という効果がありました。理論値ですが、1回目・2回目の研修で受講者の労働時間の約20％が軽減できました。3回目の研修で、全従業員の労働時間の約20％が軽減できる見込みです。役員・マネジャーの考え方が一致すると、上記のような成果が出やすくなります。

「忙しさからの解放〜戦略編〜」の受講者の感想は以下のとおりです。

- ・「A＋およびBを実行するためにA−を考えること」は個人の裁量で行うには限界があるため、事業部全体として受講できたことは非常に意味があると感じました。
- ・技術的問題と適応課題の違いを理解することで、アプローチ方法の違いや、どう対処するかのヒントになり、非常に有益でした。
- ・今まで想定時間を設定していなかったため、新しいことを始めるにはそれなりの時間や工数が必要だと改めて実感しました。
- ・今後、新しいプロジェクトやその他の業務が発生した場合、この演習で学んだ想定時間を算出し、実施すべきかを判断したいと感じました。
- ・部下の業務時間を考慮すると、膨大な時間を消費していることに気づかされました。
- ・受講者同士の対話により、自分とは異なる価値観の共有が進みました。

マネジャーから寄せられた感想をもとに、戦略実行に関して時間の可視化およびA−を検討するメリットを以下に整理しました。

①通常、漠然と使っている時間という経営資源を意識的に使うことができる。
②方針の優先順位が明確になり、戦略の実行が進行する。
③仕事の可視化や明確な優先順位付けにより、優先度の低い仕事をやめる動機が生まれる。

「忙しさからの解放〜戦略編〜」研修を実施することで、方針の深い理

解、戦略実行の加速、時間という経営資源への意識、対話による価値観の
共有など、さまざまなメリットが生まれます。目の前の忙しさから解放さ
れることは、将来に向けた思考の時間や戦略実行の時間を確保でき、組織
風土の健全化、経営者候補人材の育成、健康経営の視点からも効果的な施
策であると考えています。

■内省型リーダーシップを発揮するための実践ガイド■

> ありたい姿に向けて必要な時間を算定し、仕事を減らす施策も構
> 想する。

　マネジャーとしてありたい時間配分を算出し、方針実現に必要な時間を
明らかにすることで、必要とする業務削減時間が明確になります。

　「忙しい」と感じる原因は、時間の使い方への意識の低さかもしれませ
ん。「自分の仕事を減らすスキル」は、これまでに述べてきたとおり、習
得可能なスキルです。ぜひ、職場でこのスキルの実践に挑戦してくださ
い。

　何も対策をしなければ、業務は増え続けます。定期的に業務時間を可視
化し、不要な業務を見直す作業を行うことが重要です。私たちの会社で
も、年末に「断捨離会議」を開催し、「もっと効率的にこなせる業務はな
いか？」や「本当に必要な業務は何か？」を検討しています。

6-2　忙しさからの解放（個人の適応課題編）

■現場が抱える課題■

　次に、忙しさからの解放を個人で進める、適応課題（内面の問題）を取
り扱うことで解消できる施策について紹介します（図表6-1-2の左上象
限参照）。

これに関しては、第２章で紹介した心の構造を、忙しさからの解放の視点から磨きをかけ、「忙しさからの解放〜抵抗緩和編〜」と称して研修を実施しています。この研修では、「自分の仕事を減らすスキル」を中心に学びます。約３時間の研修でインプットと演習を行い、事後課題でいくつかの業務を減らしていただきます。この研修は削減時間を検証できるため、費用対効果が明確なものでもあります。

　しかし、いざ業務をやめようとすると、現場が抱える課題として、「総論賛成、各論反対」の現象が顕著になります。以下、２つの企業でやめる業務を決める場面で起きた抵抗について紹介します。

【事例①】

　次世代の経営者を対象としたプロジェクトマネジメント研修を実施し、現経営層との対話の場を持ちました。次世代の経営者たちは、「業務を効率化したい」という理由から、「週報を廃止したい」と提案しました。しかし、現経営層からの、「全体の情報把握のために週報が必要だ」「他部門の情報にアクセスしたい」「文章力を向上させる機会として週報が有効だ」といった意見により、週報の廃止決定には至りませんでした。

【事例②】

　役員が集まり、イノベーションを推進するための研修を実施しました。チームビルディングや過去に成功したイノベーションの経緯の共有、新たなイノベーションに向けた時間や予算の確保についての議論はスムーズに進行しました。しかし、ある営業会議を廃止しようという提案がなされたとき、営業を統括する役員は「情報の共有が必要」「指示を徹底したい」という理由から、その廃止に反対しました。周囲の参加者の説得を受け、営業統括役員はしぶしぶ営業会議の廃止に合意しました。

　何かをやめることを提案したとき、全員の意見が一致することは稀で

す。全員の意見が一致しない理由は、第2章で解説したように、反応行動
として抵抗を示す人が存在するからです。しかし、反応行動は、起点は恐
れであっても、正当な理由として主張されるため、その主張を簡単に否定
することは難しいものです。そのため、何かを変更や廃止しようとする際
には、既存の価値観や慣習の見直しが必要となります。これは典型的な
「適応課題」です。変更や廃止が難しい背景には、図表6-2-1に示すよ
うな生存本能が関与している可能性があります。

【図表6-2-1　業務を削減しようとすると起きる抵抗】

対象者	生存本能	やめることへの抵抗例
役員	自分の立場は守りたい	業務の効率化の方針は出しても、会議の説明資料を大量に作らせる
事業部長	リスクは犯したくない	業務の効率化に賛成と言いながら、やめる提案をするとリスクばかり指摘する
マネジャー	自分の価値を守りたい	忙しいと言いながら、仕事を抱えて部下に任せない
メンバー	自分の評価を下げたくない	この業務をやめてくださいと指示しても、言い訳をしつつ業務を継続する
スタッフ部門	自部門の存在意義を示したい	業務の効率化は大切だと思いつつも、必要情報収集のために現場に負担を負わせる

　研修の事後課題として業務をやめる実践をお願いすると、普段指示され
た業務を素直にこなしている部下でさえ、自分の業務の廃止に抵抗を示す
ことがあります。彼らは、その指示を自分の存在価値の否定と捉えるので
しょう。抵抗の背後には、図表6-2-1に示されているように、生存本能
に基づく恐れや不安が潜んでいます。本節では、その構造に本人が気づ
き、納得したうえで業務をやめる方法についてお伝えしていきます。

■課題が発生する真因■

> 業務をやめることができない理由は、無自覚な生存本能が抵抗するから。

　まず、私の体験からお話します。私がコンサルティング会社で働きだしたころ、３つのプロジェクトにアサインされていました。あるとき、マネジャーが私の負荷が高いと判断し、参画するプロジェクトを１つ減らしてくれました。しかし、その時の私は、「自分の能力が不足しているからか」「お客様からクレームがきたのではないか」などと悩みました。今振り返ると、単純に業務過多の私のことを思っての判断だったとわかるのですが、当時は素直に受け取ることができませんでした。

　無自覚な心の構造（図表6-2-2参照）にあるように、人は自分の欲求（雇用・評価・立場など）が侵される妄想にかられ、負の感情が湧き、自分の仕事が少なくなることに反応的に抵抗するのです。「仕事が少なくなる」「自分に情報が集まらなくなる」「自分の指示が徹底されなくなる」など、さまざまな恐れから業務を減らすことへの意思決定が進まないのです。

【図表6-2-2　無自覚な心の構造】

	解説	例
体の反応	自分の意思に関わらず、体に起きる現象	自分の仕事は減らしたくない、自分の仕事は確保したい　など
想定（妄想）	妄想的に考えている最悪のシナリオ	自分の能力が不足していると言われている、お客様からクレームが来た　など
感情	今の状況は自分の欲求が満たされているか否かを伝えるメッセージ	悲しみ、自己否定感　など
自分の欲求（生存本能）	生存本能として、守りたい自分の欲求	自分の雇用・自分の評価・自分の立場など

■研修で伝えていること■

忙しさからの解放（個人の適応課題編）について、どのような研修を実施しているかを紹介します。ベースとなるのは、第2章でも紹介した心の構造を理解し、反応行動を緩和する流れです。

Step1：やめたいけど、やめられない業務を探す
Step2：心の構造のフレームワークを利用して、第3の道を考える
　　　　（第2章3節参照）

Step1では、図表6-2-3で示した「業務が減らせない反応行動」から、自分がしがちな反応行動を抽出してもらいます。事例をもとに、自分の言葉で「本当は…したいけど」という意図行動、「ついつい…してしまう」という反応行動を言語化してもらいます。

【図表6-2-3　業務が減らせない反応行動例】

類型	自分を忙しくしている反応行動の例	生存本能の例
部下に 任せられない	本当は部下に任せたいけど、 ついつい自分でやってしまう	自分の評判・ 部門の評判
こだわりを 手放せない	本当はこだわりを手放したいけど、 ついつい質にこだわってしまう	自分の価値・ 自分の有能さ
会議を 減らせない	本当は会議への参加をやめたいけど、 ついつい惰性で参加してしまう	自分の存在価値・ 自分への信頼
必要以上の 価値提供	本当は資料作りを簡素化したいけど、 ついつい必要以上の質を提供してしまう	自分の価値・ 自分の有能さ
お客様からの 依頼を断れない	本当はお客様からの依頼を断りたいけど、 ついつい安請け合いしてしまう	自分の評判・ 会社の評判
社内の依頼を 断れない	本当は本社・他部署からの依頼を断りたいけど、 ついつい断れずにやってしまう	自分の評判・ 部門の評判
情報がないと 気がすまない	本当は部下に任せてしまいたいけど、 ついつい情報共有を求めてしまう	自分の安心・ 自分の立場
資料がないと 気がすまない	本当は資料はなくてもよいけど、 ついつい資料作成を求めてしまう	自分の安心・ 自分の評価
慣習を 変えたくない	本当は過去の慣習を廃止・改善したいけど、 ついつい先送りにしてしまう	自分の安全・ 自分の評価
暇だと 思われたくない	本当はゆとりをもって過ごしたいけど、 ついついスケジュールを入れてしまう	自分の立場・ 自分の評価

　Step2では、図表6-2-3の事例を参考に、図表6-2-4で示した「やめる抵抗を緩和するワーク」を行います。

【図表6-2-4　やめる抵抗を緩和するワーク】

忙しさからの解放というテーマで、意図行動と反応行動を抽出して、
想定・深層の願いを明確にしたのち、第3の道を選択してください。

	問い
意図行動	あなたが本当はやりたい、意図している行動は何ですか？
反応行動	あなたが無自覚的に選択する、ついついしてしまう行動は何ですか？
想定（妄想）	意図行動を実行に移した場合、 ① 起こると想定している最悪のシナリオ ② 想定が現実化して失われるもの　は何ですか？
反応行動で 満たされるもの	あなたが反応行動を選択した場合、満たされるものは何ですか？
反応行動で 失うもの	あなたが反応行動を選択した場合、満たされなくなるもの（失うもの）は 何ですか？
深層の願い	これまでの問いの回答を振り返り、自分が満たしたい願いは何だと思いま すか？
第3の道の選択	深層の願いを尊重した場合、どのような行動が選択できそうですか？

【図表6-2-5　やめる抵抗を緩和するワーク　記入例】

忙しさからの解放というテーマで、意図行動と反応行動を抽出して、
想定・深層の願いを明確にしたのち、第3の道を選択してください。

	記入例
意図行動	本当は部下に任せて、適宜ガイドやアドバイスを提供したい
反応行動	ついつい、情報共有やレビューを過剰に求めてしまう
想定（妄想）	必要以上に時間を要しても、期待するアウトプットがでない
反応行動で 満たされるもの	自分が納得する成果が出る
反応行動で 失うもの	部下の自尊心・満足感
深層の願い	期待するアウトプットが得られること 部下の自尊心と満足感が満たされること
第3の道の選択	部下に任せた上で、進め方の確認と進捗確認のルールの設定を行う 部下に確認し、よりモチベーションが上がるやり方で実行してみる

Step２について、解説を加えます。図表６-２-５の記入例に示しているように、最初は意図行動と反応行動の言語化をします。事例では、意図行動は「本当は部下に任せて、適宜ガイドやアドバイスを提供したい」とし、反応行動は「ついつい、情報共有やレビューを過剰に求めてしまう」としています。

　次に、意図行動を選択した際の想定（妄想）を明らかにします。事例では、「必要以上に時間を要しても、期待するアウトプットが出ない」が該当します。

　次は、反応行動で満たされるものと失うものを言語化します。事例では、反応行動で満たされるものは「自分が納得する成果」で、逆に失うものは「部下の自尊心や満足感」です。

　これらを俯瞰すると、自分の深層の願いが見えてきます。事例では、「期待するアウトプットが得られること」と「部下の自尊心と満足感が満たされること」の２つです。深層の願いは２つ出てくる場合が多いです。

　最後に、この深層の願いを実現するために、どのようなアクションをしてみるかを考えます。事例では「部下に任せた上で、進め方の確認と進捗確認のルールの設定を行う。部下に確認し、よりモチベーションが上がるやり方で実行してみる」という結論になりました。

　このワークの成否は、以下の３つの要件を満たしているかで判断します。

①そのアクションが「やらねば」という義務感ではなく、「やりたい！」という意欲から生まれるものである。
②そのアクションを実行することで、自分の忙しさが軽減される。
③そのアクションを実行することは、周囲にもプラスの影響をもたらす。

　このように、ブレーキをかけている抵抗に気づき、それを緩和すること

で、業務を手放す準備ができます。最後に、自分が必要以上にこだわっている点や、必要以上に仕事を抱えている点について、手放せる業務をあげてもらいます。自分がやりたいという動機が芽生えるため、研修後の実行も進みます。

■受講者の声■

　以下は、研修後に「やめる抵抗を緩和するワーク」から実際に業務をやめてみた方の声です。

> ・部下に任せる範囲を増やした結果、最初は不安げでしたが、最小限のアドバイスで進めさせたところ、次第に自ら考えて動くようになりました。過度な干渉は彼らの成長の機会を奪っていたことを実感しました。
> ・細かい指示をせずとも、自ら取り組む姿勢が見られました。余裕を持ち、相談しやすい関係を築くことで、彼らからの積極的な行動や協力が増えたことに気づきました。
> ・週次ミーティングには参加し、全体の状況を把握しています。日次での課題報告を徹底し、現時点で大きな問題はないことを確認しています。
> ・重要な会議にも参加せずに任せることで、部下の活動が増えました。定期的な1on1の効果も感じ、その結果として私の時間も有効に使えるようになったと感じています。
> ・自分が会議に参加する代わりに会議の概要共有を求めたところ、期待以上の報告があり、時短に繋がりました。

　「やめる抵抗を緩和するワーク」の実施後、実際に業務をやめることで、自分が変わり、部下が変わり、業務時間が削減され、さらに部下の自主性も増すという好循環が生まれました。

次に、自動車関連メーカーでの研修結果を紹介します。「忙しさからの解放〜抵抗緩和編〜」をテーマとして、2時間の研修を部課長クラス17名に実施しました。結果として、1人当たり月9時間、全員で月254時間、年間3,048時間もの時間を節約することができました。これは、部課長1.5人分の時間に相当します（図表6-2-6参照）。

【図表6-2-6　やめる抵抗を緩和するワーク　削減時間の総計】

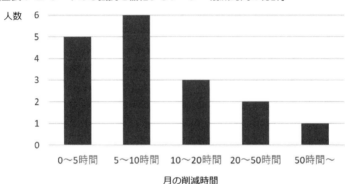

削減時間の集計結果：0時間（最低）〜100時間（最高）、中央値9時間

忙しさの解放研修（2時間×17名＝34時間投資）を実施し、17名合計 254時間/月の削減が実現（3,048時間/年の回収）

「忙しさからの解放〜抵抗緩和編〜」研修は、研修効果の可視化が行いやすく、自分の仕事を減らすスキルを身につけられるため、その後の業務改善にもつなげやすいと考えています。

しかし、図表6-2-6からも読み取れるように、すべてのマネジャーが気づいて行動を変えられるわけではありません。以下は、忙しさからの解放が進まなかった受講者の声です。みんな忙しい中、自分だけが余裕を持つという恐れが生じるのかもしれません。

・研修の内容は理解できますが、自分の部下は皆、自分より忙しくし

ているため、なかなか実践が難しいです。

・仕事の全体ボリュームが変わらないままでは、自分が忙しさを解放
しても、部下や周囲に負荷をかけてしまうため非常に悩みます。

・総論は研修のとおりであろうと思います。一方で、自分自身が時間
をあけるという研修のオチに対する腹落ち感が薄かったです。正
直、本当にそうだろうかという疑問が残ったままです。

　第2章で成人発達理論について触れました。私見ですが、自己受容型知
性（発達段階4.0）レベルの内省力がないと、自分が自分を忙しくしてい
る構造に気づけないのではないかと考えています。したがって、研修内容
が腑に落ちて、実践に移せる人は30～40％程度だと想定しています。図
表6-2-6でも、10時間以上の削減ができた方は約35％で、想定内の結
果であったと判断しています。

■内省型リーダーシップを発揮するための実践ガイド■

> 自分の恐れや不安が自分を忙しくしている構造があることを認識
> し、業務を見直す時間を持つ。

　私たちが業務を手放せない理由は、内面にある恐れや不安からです。こ
れは、会社や組織を大切にしながら、真摯に仕事に向き合っている証拠で
もあります。しかし、その背後には必ず自分の身を守ろうとする生存本能
（自我）が存在します。多くの人はこの自我の中で生きているため、自我
の影響で自分を忙しく保ってしまうという構造に気づいていません。

　自我によって自分を忙しく保ち続けると、反応行動を引き起こし、周囲
との人間関係を悪化させて自分のパフォーマンスを低下させてしまいま
す。結果として、真の自分を見失い、不本意な現実を生み出してしまいま
す。本書を手にとった皆さんには、少し立ち止まり、疲れや思考の渦に巻
き込まれて反応的に判断していないかを、見直していただければと思います。

私自身、毎年何らかの病気に悩まされる時期がありました。気合いで治ると自分に言い聞かせて乗り越えてきましたが、限界に達し、仕事量を半分に減らす選択をしました。その結果、自分が新しいアイデアを出し、部下の仕事を無駄に増やしている構造や、自分がメールを送信するため受信するメールが増える構造などに気づけました。仕事量を半分にしたにもかかわらず、業績には影響がなく、逆に収益が上がったこともあり、これまでの自分の仕事のやり方について反省しました。

　皆さんも、時には力を抜いて自分を見つめ直し、リラックスした自分らしいリーダーシップスタイルを目指してみてください。そうすれば、自分にとっても部下にとっても、最適な関係性が築かれていくでしょう。

⬤6-3 忙しさからの解放（組織の適応課題編）

■現場が抱える課題■

　本節では、忙しさからの解放を組織全体で推進し、適応課題（内面の問題）を解決する施策について紹介します（図表6-1-2の左下象限参照）。前節では、個人が陥る「自分自身が自分を忙しくしている構造」に焦点を当てました。今回は、組織全体が直面する「お互いに忙しくさせている構造」の取り扱い方法について解説します。

　このテーマについては、「忙しさからの解放〜適応課題の解決編〜」と題して研修を実施しています。この研修の対象は、業務改善や会議の削減などに取り組んでいるものの、依然として部下が忙しさに追われている企業です。

　組織の適応課題を解決する難しさは、その問題を生む構造の中で仕事をしている役員・マネジャーが、それを当たり前だと認識しており、課題の真因に気づくことが難しい点にあります。研修を実施すると、「組織の価値観として浸透しており、それが普通だと思っていた」「良かれと思って

実行していたことが、実は自分たちを窮地に追い込んでいた」「問題は意識していたが、それを明言するのは躊躇していた」という声があがります。

　組織の適応課題は、問題として認識されにくく、解決策も見つけにくいため、組織内に根深く存在し続けることが多いのです。

■課題が発生する真因■

> 組織の適応課題が解決しない理由は、当事者がその価値観や風土に馴染み、それらが普通であると思い込んでいるから。

　組織の適応課題を扱う重要性を理解するために、まずはカネヴィンフレームワークの紹介から始めます。

　カネヴィンフレームワークとは、1999年にIBM Global Servicesのデイブ・スノーデンが提唱したもので、状況・問題が複雑化・不確実性が増す時代で、どのようなマネジメントをしていく必要があるかを考察できるフレームワークです（図表6-3-1参照）。

【図表6-3-1　現実を読み解くためのカネヴィンフレームワーク】

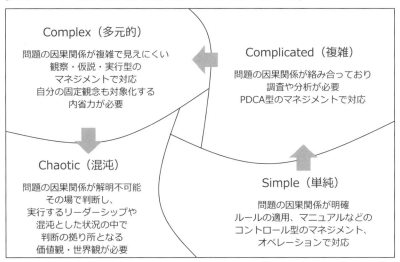

197

以下、カネヴィンフレームワークについて簡潔に紹介します。

①Simple（単純）
この領域では因果関係が明確で、ルールの適用やマニュアルに従うことで解決可能です。機械の操作など、誰でも理解できる解決方法が該当します。

②Complicated（複雑）
因果関係が絡み合っており、専門家が特定の知識を用いて解決しなければならない領域です。煩雑ですが、追及すれば問題が理解でき、仮説と検証によって対処可能な問題が含まれます。

③Complex（多元的）
因果関係が多元的で予測困難なこの領域では、状況が刻一刻と変わり、自らの行動が状況に影響を与えます。仮説を立て、行動を起こし、その影響を観察し、新たな仮説を立てるサイクルが必要です。自分たちの観念や価値観を対象化できることも重要であり、例として該当するのは、組織風土の変革です。

④Chaotic（混沌）
この領域では、問題の因果関係を解明することは不可能です。混沌とした状態を収束させるための迅速な判断と行動が求められます。混乱した状況でも判断を下せるよう、固有の価値観や世界観を持つ必要があります。例として該当するのは、突如として発生する災害や戦争時の混乱があげられます。

「忙しさからの解放〜適応課題の解決編〜」は、③Complex（多元的）に該当します。そのため、組織の全体像を俯瞰したうえで、自分たちのど

んな観念や価値観が問題に影響を与えているのかを探求し、仮説となるアイデアを生み出していくことが必要です。論理的な分析はもちろん大切ですが、それと同時に、部下との対話を重ね、考えていることや感じていること、現場での体験などを深く共有し、テーマを絞り込んでいくことが重要となります。

　組織の適応課題へのアプローチは、答えや正解が1つに絞られるものではなく、組織の文化や背景、特性を理解し、それに合わせて最適な方法を模索するプロセスが必要となります。

■研修で伝えていること■

　「忙しさからの解放～適応課題の解決編～」は、対話を中心に研修を展開しています。以下4つの要素を組み合わせながら進行します。

①システム思考のフレームワークを用いて組織に起きていることを俯瞰する。
②必要に応じて、外部視点を積極的に取り入れる。
③（経営トップが起点となっていることも多いため）経営トップが組織の適応課題解決へコミットメントする。
④感じたことを表現できる心理的安全性の確保をしたうえで、組織内で対話を積み重ねる。

　事例を交えて、①～④を詳しく解説します。

　福祉事業を手がける従業員数が1,000名規模の会社の事例を紹介します。事業部長から「マネジャー層が忙しくしているため、研修を通じて無駄な業務を減らしたい」という依頼を受けました。忙しさを生み出す構造を明らかにするために、チームメンバーにインタビューをすることから開始しました。その後、経営層と全マネジャーで、2時間×3回の対話の場を持ちました。

①システム思考のフレームワークを用いて、組織に起きていることを俯瞰
　する
　システム思考とは、ある現象について、多様な要素の相互作用を理解
し、本質的な原因を見つけ出すアプローチです。インタビューの結果、図
表6-3-2のような構造が浮き彫りになりました。システム思考の考え方
についての詳細は省きますが、ここでは組織に起きている問題の全体像に
ついて、多くの方がそのとおりと腹落ちするレベルを完成の目安にしてく
ださい。

【図表6-3-2　忙しさを生む全体構造を明らかにする】

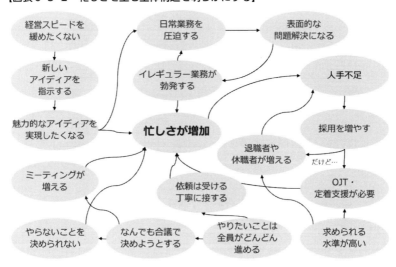

②必要に応じて、外部視点を積極的に取り入れる
　適応課題への取り組みには、従来の考え方を見直し、新しい視点を取り
入れることが不可欠です。そのため、外部の専門家や他の組織からのアド
バイスは、新しい視点や方法論を導入し、組織の現状を客観的に俯瞰する
助けとなります。自組織では当然と思われる事柄が、実は問題点であるこ
とに気づくきっかけとなることもあります。

実施するインタビューでは、以下のような問いを投げかけています。

①忙しさからの解放の視点で、一番解決したい組織の課題は何か？
②忙しさからの解放の視点で、これまでどのような施策を打っているのか？
③忙しさが発生するのは、「既存ビジネスの遂行」なのか「新規ビジネスの創造」なのか？
④忙しさが発生するのは、「ルーティンワーク」なのか「イレギュラー対応」なのか？
⑤組織における意思決定はどのような流れで実施されているのか？
⑥忙しさが増加してきたのは、どのような施策を打った時期なのか？
⑦入社したときに、「おやっ」と思った組織風土・価値観は何か？
⑧この価値観・前提を見直したときに、変化が起こりそうなポイントはどこか？

　この会社で課題を深掘りしたところ、忙しさが減らない要因として「既存事業の目標が上がり続ける中で、新規事業の目標も設定され、かつ、同じ部門が既存事業と新規事業を同時に進めている」という、事業戦略上の構造が見えてきました。

③経営トップが組織の適応課題解決へコミットメントする
　組織の適応課題への対応は、多くの場合、戦略や組織風土の見直しを伴います。会社の事業戦略や組織風土に影響を及ぼすのはトップ層であり、彼らのコミットメントは不可欠です。
　この会社では、事業部長が積極的に研修に参加し、部下からの意見を素直に受け入れました。事業部長は部下にビジネスの提案をしていましたが、その実践の取捨選択は部下に任せているという認識でいました。しかし、部下側は事業部長から言われたことはすべてやらねばという認識でい

たため、解釈の違いが生じており、忙しくなり続けている構造が明らかになりました。

　事業部長は、すぐに経営戦略室の役割を見直し、戦略実行を取捨選択する権限を与えました。経営戦略室も、事業部長とお互いに本音の対話ができるミーティングを増やしました。

④感じたことを表現できる心理的安全性の確保をしたうえで、組織内で対話を積み重ねる

　心理的安全性は、組織のメンバーが課題や意見をオープンに共有するための基盤です。私たちが支援する場合、意図的に心理的安全性が高い場を作り、お互いに本音で話せる環境を整えます。

　「忙しさからの解放〜適応課題の解決編〜」における対話の場面では、以下のような投げかけをします。

・システム図を全体視して、システムを強化している核となる価値観や前提は何か？
・システム図を全体視して、解釈・見解が分かれそうなポイントはどこか？
・制約条件を取り払い、理想的な状態を創造するとしたら、どの要素に変更を加えたいと思うか？
・システム図を全体視して、期待される行動と実際の行動のギャップが最も顕著な場所はどこか？
・それぞれが思い込みや固定観念から解放されると、どの問題が解決する可能性があるか？

　この会社では、数年前から心理的安全性を担保した対話を重ねてきました。その成果もあり、研修に事業部長が参加していても、素直な意見を出せる状況になっていました。オンラインでの研修中、対話をしながら膨大

な量のチャットが流れ、お互いの考え方の交換が進められました。

　研修の始め、受講者は「私は忙しいと思っていない」「良質な忙しさと、悪い忙しさがあるのでは」などの意見を取り交わしながら、なぜこの研修が必要なのか悶々としていました。

　私はタイミングを見計らって、「お互いの共依存の関係が仕事の質を過剰に高めているのでは」と投げかけました。活発に意見を交わす中で、ある受講者が『共依存とは、お互いのことを思って、考えて行動すること。お互いに「必要とされたい」「期待に応えたい」が強くなりすぎている関係性』と定義しました。他の受講者も「それならわかる」と場が動き出しました。一人の発言（チャットのコメント）で共通認識が進み、場が動くのです。

　その後の経緯は省略しますが、「共依存」というキーワードから、「必要とされたい」から丁寧に接するとともに、相手にも同様の丁寧さを期待している構造があることを認識しました。それが自分たちを忙しくしていることに気づき、その丁寧さを軽減しようという新しい価値観が芽生えました。その後は、各部門で対話を継続しながら実行してもらっていますが、私たちも定期的にフォローアップを行っています。

■受講者の声■

　以下は、「忙しさからの解放〜適応課題の解決編〜」で対話を行ったあとの感想です。

> ・相手を大切にしすぎていたため、割り切ることで変われるかもしれないと思いました。前が明るくなった気がします。
> ・忙しさからの解放とは何をするのか、最初は漠然としていましたが、できそうなことが具体的に見えてきてすっきりしました。
> ・忙しさを生み出す構造について少し見えてきた気がします。自分の中でも振り返り、改めて考える時間を持ちたいと思います。

> ・具体的な変容の話もできたため、できることからやっていこうと思いました。良い時間でした。
> ・今日決めたことは早速取り掛かりたい、そのための時間を確保します。
> ・感じてはいたけれど、言語化しきれなかったものを共有できはじめている気がします。

　このような変化は、外部の専門家の指摘や、組織トップからの一方的な指示だけで起こるものではありません。自分たちが直面している現実を真摯に見つめ、自分たちにとって本当に大切にしたいものは何か？を話し合うことから始まります。

　組織の適応課題はすぐには解決されません。解決策が明確になったとしても、実践の過程には数々の障壁が存在し、解決策の提示だけでは不十分です。困難に立ち向かい、解決へ向けた行動を継続的に行うコミットメントが不可欠です。対話は、解決策を導き出すだけでなく、問題解決への情熱や意欲を高める役割も果たします。そのため、私たちは解決策がある程度見えていても、それを押し付けることはせず、対話を通じた探求を大切にしています。

■内省型リーダーシップを発揮するための実践ガイド■

> **忙しさを生み出す組織課題には、全体構造を明らかにした上で、組織全体で対話を通じて取り組む。**

　組織の適応課題は、経営層やマネジャーが大きな影響を及ぼしていることもありますが、「全員が被害者であり、全員が加害者である」という認識から出発してほしいです。「経営層が聞く耳を持たない」「中間管理職のコミュニケーション力が低い」「若手社員の積極性が足りない」などの他責化を繰り返すと、一向に解決しません。

　経営者やマネジャー、部下それぞれには、他者には見えない視点や情報

があります。対話を通して、視点や捉え方の交換を行うことで、お互いの非難や責任転嫁ではなく、真の組織課題への理解が深まり、真の組織課題やその原因を明確にし、効果的に対応するための道筋が見えてきます。

6-4 忙しさからの解放（会議時間の削減編）

■現場が抱える課題■

「忙しさからの解放〜会議時間の削減編〜」と題して実施している研修を紹介します。会議時間の削減は、個人の価値観を変えること（図表6-1-2の左上象限参照）で進むため難易度はそれほど高くありません。

どの会社でも「無駄な会議が多い」「参加する必要性を感じていない会議に参加している」といった声は聞こえてきます。ベイン・アンド・カンパニーの調査によれば、典型的なマネジャーは週40時間のうち、会議に21時間、メール対応に8時間、個人作業に11時間を割いているというデータがあります。この調査結果から、会議の回数や参加者数、メールの頻度を見直すことで、週に16時間以上（労働時間の40％以上）の時間を確保できる可能性が示唆されています（図表6-4-1参照）。

【図表6-4-1　多すぎる会議】

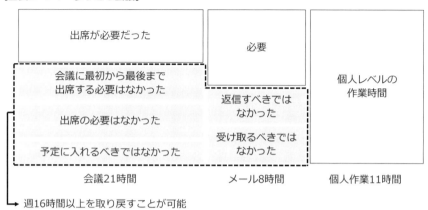

出典）　『TIME TALENT ENERGY ―組織の生産性を最大化するマネジメント』
マイケル・マンキンス、エリック・ガートン

　しかし、会議を効率的にする取り組みを実際に始めようとしても、多く
の障害に直面します。「勝手にスケジュールを入れられる」「上司が出てい
るため、自分も出席せざるを得ない」「他部署からの依頼だからしょうが
ない」など、マネジャー個人の取り組みだけでは解決が難しいのが現実で
す。だからこそ、「一部のメンバーしか発言しない」「経営者へのアピール
を目的としている」「参加するものの、会議中他の仕事をしている」と
いった、生産性の低い会議が減らないのです。
　では、無駄な会議を実際に削減し、効率的な運用を目指すためには、ど
のようなアプローチが求められるのでしょうか。

■ **課題が発生する真因** ■

> **無駄な会議を減らしたいと思っている一方で、実際は減らせない
> と思い込んでいるから。**

無駄な会議が課題としてあげられる一方で、その解決に向けた取り組み

が進んでいるという話はあまり耳にしません。この問題の背景には、個々の内面的な要因が影響しているからです。例えば「会議が不要と思っているのは自分だけでは？」という不安や「マネジャーや同僚にこの会議は無駄では？と意見を言うことで反感を買うのでは？」という恐れから、なかなか問題提起には至りません。

　技術的側面から見れば、不要な会議の削減は十分可能です。しかし、実際はそれぞれの人が持つ信念や価値観が交錯し対立するため、改善の取り組みが進まないのです。以下は、会議が減らない理由の見立てです（図表6-4-2参照）。

【図表6-4-2　会議が減らない真因は明確にならない】

真因	事象	会議を削減したくない人の内面
以前からやっていたという慣習に思考が停止している	定例会議などの以前からやっていた会議は、何の疑問もなく会議ありきで動いている	慣習を変えたくない・変えることで発生するリスクを低減したい
自部門都合で会議が必要だと思っている	自部門で決めたことを徹底させるために、他部門に指示したい・知らせておきたい	自部門の存在意義や正当性を高めることで自分の評価も上げたい
自己都合で会議が必要だと思っている	自分が知っていないと気が済まないため、自分に情報が集まる場を作っておきたい	自分の存在意義を高めたり、自分が知らないことに対するリスクを低減させたりしたい
会議は自己アピールの場として必要だと思っている	長い説明、意見を譲らない、資料を要求することで、自分の存在価値を高めたい	自分の存在価値や評価を高める場であるため、できる限り会議は増やしたい
会議がなくなると自分の仕事がなくなると思っている	戦略構想や、連携・対話したりすることなく、会議で時間をつぶしている	自分が暇なことがばれるのが怖いため、できる限り会議は減らしたくない

　「会議を削減しよう」とスタートしても、総論賛成・各論反対で、必ず削減に反対する人が現れます。会議の削減に反対する人には、それ相応の正論があるため、議論だけでは問題解決には至りません。会議を減らすというテーマが、適応課題そのものなのです。

　私たちは、会議の削減というテーマを研修形式で進めています。研修にすることで、マネジャーを集めた以上の効果が求められます。さらに、研修進行中に外部のファシリテーターが関わることで、日常から一歩離れた

新しい視点での議論や対話が促進されます。この研修は受講者全員のニーズが合致すると、会議の削減がスムーズに進みます。

■**研修で伝えていること**■

「忙しさからの解放〜会議時間の削減編〜」では、前半で適応課題の解決方法、後半で技術的問題の解決方法を取り入れて進めます。この研修も、全マネジャー及び経営層の参加が必須条件です。今回紹介する事例は、会議の時間を短縮するという部方針が明確に掲げられていたため、会議の削減効果も想定以上に出ました。

まず、これまで紹介したように、会議の削減について意図行動と反応行動で表現してもらいます（図表6-4-3参照）。

【図表6-4-3　自分がやっている反応行動（会議編）】

 会議の効率化について、自分の意図とは異なる反応行動を列挙してみてください。「本当は…したいけど」と「ついつい…してしまう」という言葉で表現してみてください。

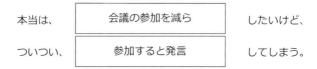

本当は、　　| 会議の参加を減ら |　　したいけど、

ついつい、　| 参加すると発言 |　　してしまう。

研修では、会議について以下のような意図行動と反応行動が示されることが多いです。会議は、反応行動の巣窟ではないかと思うぐらいです。

・本当は会議の参加を減らしたいけど、ついつい参加すると発言してしまう。
・本当は会議の参加を他者に任せたいけど、ついつい自分が介入してしまう。
・本当は会議時間や内容を短縮したいけど、ついつい自分の話が長く

なってしまう。
・本当は自分に関係ない会議は欠席したいけど、ついつい参加してしまう。
・本当は会議で質問や意見を言いたいけど、ついつい自制してしまう。

　この反応行動に対する共感や気づきを受講者と共有すると、以下のような声が出ます。

・ほとんどの人が、会議を削減したいと思っていますね。
・そもそも会議の開催に疑問を持っている人が多いことがわかりました。
・みんなが、早く会議を終わらせたいと思っていることがわかりました。
・慣習的に会議が開催されていたため、それを疑ったことがありませんでした。
・多くの人が周りの視線を気にして会議に参加していることがわかりました。
・部下に任せきれずに、自分も会議に参加してしまうことがよくあります。

　ここまで共有できると、「忙しさからの解放〜会議時間の削減編〜」は山場を越えたことになります。会議に対する本音や感じていることを素直に共有することで、「自分だけがそう感じているのではない」という共通認識が生まれます。その共通認識のもとで、会議の削減を進めればよいのです。
　この共通認識が揃ったところで、ここからは技術的問題の解決方法で、着実に進めていくだけです。具体的な流れは、図表6-4-4のとおりです。

【図表6-4-4　会議を削減するプロセス】

会議の現状把握
・会議実態の把握
（会議名・目的・参加人数・開催時間の共有）

改廃の案出し
・会議の改廃方向性の案出し
（会議の評価・改廃の方向性を検討）

意思決定
・会議の改廃の方向性検討
・削減効果の試算

　最初に、会議の現状把握を行います。図表6-4-5のフォーマットを使用して、現在行われている会議を棚卸しします。ポイントは、会議時間を投資の時間と位置づけ、どれくらいの時間、どれくらいの人件費を使って、その効果が出ているのかを検証することです。

【図表6-4-5　会議の現状把握シート】

【研修：実態把握＆評価】

会議名	頻度	会議時間	参加人数	投資 時間/年	会議の種類 情報共有	アイデア出し	意思決定	会議の評価
文字入力	プルダウン	数値入力	数値入力	自動計算	プルダウン	プルダウン	プルダウン	プルダウン
営業部定例会議	毎週	2.0	30	2,880	○	○		×：改善の余地あり
				0				
				0				
				0				
				0				
				0				
				0				
				0				
				0				
				0				
				0				
				0				
				0				
平均・合計		0.0	0	0				

【参考】上記のデータは、グローセンパートナーのHPからダウンロードが可能です

　また、会議の目的を、「情報共有」「アイデア出し」「意思決定」の3つに仕分けします（図表6-4-6参照）。一つの会議の中で、目的が混在し、途中で目的が変化すると、本来の意図を見失うため、会議の非効率さを生

みます。会議という投資に対して、どの程度の効果が出ているのか、図表
6-4-6の視点で評価してもらいます。

【図表6-4-6　会議の目的とその効果】

会議の種類	会議の目的	会議の効果
情報共有	報連相でいう「担っている業務の進捗や成果の報告」「情報などの共有のための連絡」を目的とする。	情報共有したい対象者に、必要な情報がどれくらい共有できたのか。加えて、情報が共有されることによっての価値観共有・人材育成の効果も加味する。
アイデア出し	問題解決に向けて、多くの意見を収集することで、革新的・盲点的なアイデアを創造することを目的とする。	会議前に想定していなかったアイデアが、どれだけ創造されたか。加えて、アイデアを発言・共有することによる価値観共有・人材育成の効果も加味する。
意思決定	決められた議題・論点に対して、複数の代替案から最適な解を選ぶ・絞り込むことを目的とする。	決められた議題・論点に対しての意思決定が図られたか。加えて、意思決定のプロセスを共有することで、価値観共有ができる効果も加味する。

　次の段階は、会議の改廃の案出しです。「会議の改廃ポイント」を示し
（図表6-4-7参照）、改廃へのハードルを下げています。

【図表6-4-7　会議の改廃のポイント】

会議の改廃は論理的に決定する	会議を減らすことに抵抗するメンバーが必ず存在するため、できる限り客観的な数字を使って費用対効果を検証してみましょう。
会議の効果を目的別に仕分ける	会議の目的は、情報共有・アイデア出し・意思決定の3種類に分かれます。会議ごとに何を目的にした会議なのかを明確にした後に効果を検証してみましょう。
費用対効果から改廃方向性を決める	会議の削減は、会議の廃止・一旦中止(再開の可能性あり)・開催頻度減・会議時間減・参加人数減の5種類で検討してみましょう(現状維持・会議の増加もあり)。
まずは改廃して検証する	会議の改廃に関する検討に時間を割くより、まずは改廃してみて検証しましょう。一旦やめてみて、その後に検証する方が効果が出やすいです。
定期的な会議の断捨離が必要	会議の改廃の検討は1回で終わらず、年に1回ほど定期的に見直しするとよいでしょう。会議の量・質を維持する責任者を決めることもおすすめです。

「会議の改廃は論理的に決定する」は、具体的なデータや事実、根拠に基づいて、会議の必要性や形式を判断することを意味します。ここでは、図表6-4-5のように会議という投資の可視化を図ることを意味しています。

　「会議の効果を目的別に仕分ける」は、「情報共有」「アイデア出し」「意思決定」の3つに仕分けして、その効果を検証してもらいます。

　「費用対効果から改廃方向性を決める」は、単純に「続けるか、やめるか」の二択ではなく、以下5つの選択肢を提案しています。

①会議を完全に廃止する。
②会議を一時的に中止する（再開の可能性を残す）。
③会議の開催頻度を減らす。
④会議の時間を減らす。
⑤会議の参加人数を絞る。

　「まずは改廃して検証する」は、会議の改廃に関する検討に時間を割くよりも、まずは改廃して、その後検証することが大切だと伝えています。一旦やめてみて、必要に応じて再開するという気軽さが大切です。

　「定期的な会議の断捨離が必要」は、定期的な見直しと、会議の質・量の維持、改善に向けた責任者の選出を提案しています。

　研修の場では、図表6-4-5のシートで現状を整理した後、会議改廃の案出しを行います（次ページの図表6-4-8参照）。

【図表6-4-8　会議改廃の案出しをする】

【研修：案出し＆意思決定】

改廃	開催頻度	会議時間	参加人数	削減効果	特記事項
				時間/年	（参加者や実施時期など）
プルダウン	上書き	上書き	上書き	自動計算	行を広げてください
参加人数減	毎週	2.0	20	-960	来月から参加人数を絞る
				0	
				0	
				0	
				0	
				0	
				0	
				0	
				0	
				0	
				0	
				0	
				0	
				0	
				0	
				0	
		0.0	0	0	

削減率	

　実際に会議改廃の案出しを行うと、受講者から以下のような声があがります。

・会議の参加者が多すぎると感じました。

・多くの会議で時間や参加人数の削減が実現可能だと思いました。

・最小限の部下で効果的に実施できる会議や、一つに統合できる会議があると感じました。

・会議の目的が曖昧な場合があり、会議の目的や会議を行う意義を再検討できるかもしれません。

・対面での会議ではなく、メール等の事前情報共有で十分な場合があると思いました。

- ・効率的な会議の進行のためには、明確な目的の共有や前提情報の確認が不可欠だとわかりました。
- ・特に定例会議の頻度が高いので、ここでの時間削減は大きな効果をもたらすと感じました。

　会議改廃の案出しの後は、意思決定をしてもらいます。「忙しさからの解放〜会議時間の削減編〜」の振り返りでは、以下のような声があがりました。

- ・会議実態を数値や具体的なデータで可視化することが、会議削減活動のスタートになると感じました。
- ・参加しなくても問題ない会議や情報共有で十分な会議があることがわかりました。
- ・会議の目的や意義を振り返ることで、必要な会議と不要な会議の区別がつきました。
- ・会議を減らす効果や成果が期待できそうで、その実現が楽しみです。

　会議の削減については、マネジャー全員で課題意識を共有し、数字で可視化し、効果を検証することで進められます。

■受講者の声■

　産業用電気機器メーカーの研修結果を紹介します。この事例では、研究開発部とA工場に対して「忙しさからの解放〜会議時間の削減編〜」をテーマとして、部課長クラス32名に2時間の研修を実施しました。結果として延べ3,170時間/年、削減率27.3％の会議時間を削減することができました（図表6-4-9参照）。

【図表6-4-9　会議時間の削減の成果】

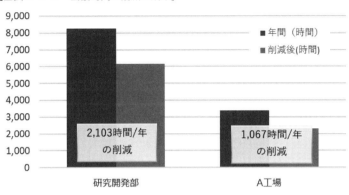

部長＋工場長＋課長クラス32名に対して、
会議の削減研修（2時間×32名＝64時間投資）
延べ3,170時間/年(削減率27.3%)の削減が実現しました。ROI＝50倍

　研究開発部は関連部署が多く、総会議時間が長いという特徴がありました。研究開発部とA工場はどちらも意欲的に会議時間を削減しました。以下は、実際に会議の削減を行った受講者の声です。

・思ったよりも多くの人が会議時間の長さを無駄だと感じていることがわかりました。慣習で会議を開催するのではなく、目的を明確にし、本当にその会議が必要なのかを考えていきたいと思いました。
・会議がなぜ必要なのかと疑問を抱くことができました。思い込みが会議時間の削減の足かせになっていることに気づきました。
・会議の開催について当たり前と思っていたことが、意外とそうではないと気づきました。考え方を変えることで、会議時間の削減は大幅に実現できそうです。
・自分の固定観念を覆す内容であったと感じました。
・無理だと思いこんでいないか、一度立ち止まり俯瞰してみることを実施し、客観的に見極めることを実践していきたいです。

受講者の感想で印象的だったことは、「自分の固定観念が覆された」という反応でした。慣習的に行っており、疑問すら感じていなかった部分に切り込むと、一気に改革が進みます。これが適応課題の解決の醍醐味といえるでしょう。

■内省型リーダーシップを発揮するための実践ガイド■

> **マネジャーが集い、定期的に会議の断捨離を行う。**

「忙しさからの解放〜会議時間の削減編〜」は、経営層と全マネジャーが一堂に会して、図表6-4-3「自分がやっている反応行動（会議編）」の意図行動・反応行動を共有したあと、感想を共有して、図表6-4-5「会議の現状把握シート」（グローセンパートナーのHPからダウンロード可能）を使って、会議の現状把握→改廃の案出し→意思決定を行うと、どのような組織でも2時間程度で実施できます。会議が多いと感じている会社は、ぜひ取り組んでみてください。もちろん、弊社からファシリテーターを派遣することも可能です。

6-5 忙しさからの解放（会議の質の向上編）

■現場が抱える課題■

「忙しさからの解放〜会議時間の削減編〜」と「忙しさからの解放〜会議の質の向上編〜」はセットで研修を実施しています。ここからは「忙しさからの解放〜会議の質の向上編〜」について、簡潔に解説します。

会議の質について、マネジャーから以下のようなお悩みを聞いています。

・事前準備が不十分で、会議の中で確認すべきでない項目に時間を費やしてしまっています。

・議論が本筋からそれることが多く、元のトピックに戻ることが難しい会議が多いです。
・会議の目的やゴールが曖昧で、結果として意見がバラバラになり、効果的な結論を得られません。
・進行役が不在で、方向性のない会議となり、時間だけが過ぎてしまいます。
・一度合意した内容が再び持ち上がり、議論が蒸し返されています。

　発生している現象から、会議の運営に関する基本的なルールやガイドラインが設定されていないことが問題の根源であると推察しています。

■課題が発生する真因■

> 会議の質が向上しないのは、生産的に会議を進めるための型がないから。

　会議運営のスキルやテクニックは数多く存在します。それらを参考に、一度会議の生産性を高めるためのルールや型を作ることをおすすめします。
　重要なポイントは、①事前準備、②会議の開始、③会議の進行、④振り返り、⑤実行促進の５つです（図表６-５-１参照）。特に、④の会議の振り返りを実施している組織は少ないと思います。会議の質を高める意識を持ち続けるために、会議の振り返りの導入はおすすめです。

【図表6-5-1　会議のプロセスとキーアクション】

会議準備	① 事前準備	・会議の種類とゴールの明確化 ・アジェンダの提示 ・会議の事前準備の依頼
会議開始	② 会議開始	・参加者の役割の明確化 ・会議のルールの確認
	③ 会議進行	・会議の種類の明確化 ・会議内容の可視化 ・脱線した場合の対処
	④ 振り返り	・会議の振り返り
会議終了		
事後共有	⑤ 実行促進	・議事録の作成と共有

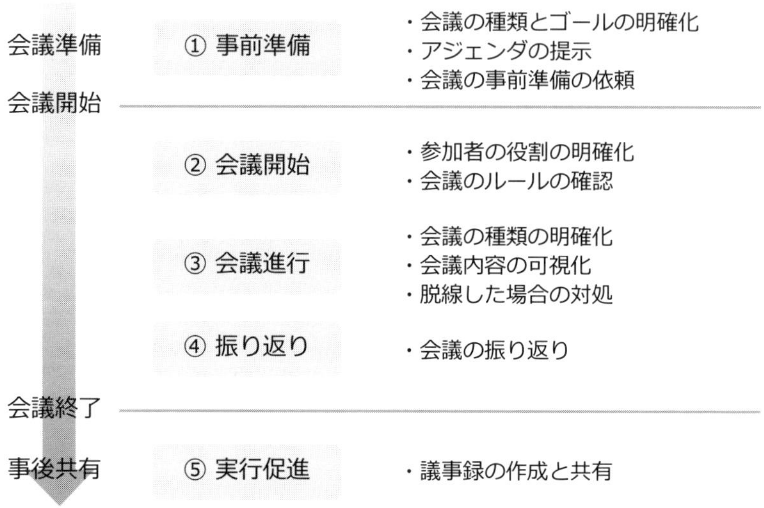

■研修で伝えていること■

「忙しさからの解放〜会議の質の向上編〜」研修では、図表6-5-1「会議のプロセスとキーアクション」を解説し、図表6-5-2「会議のルール一覧」から、自組織で導入したい会議のルールを選定してもらいます。

会議のルールを決定するというアプローチは、一見ありふれた施策に思えますが、「忙しさからの解放〜会議時間の削減編〜」を実施した後であるため、会議の生産性を上げたいという意識が高まっており、浸透が図りやすくなります。

【図表6-5-2 会議のルール一覧】

分類	番号	会議のルール	チェック
事前準備	1	会議の目的が、「情報共有」「アイデア出し」「意思決定」いずれなのかをはっきりさせる。	☐
	2	事前にアジェンダを作成し、参加メンバーに告知する。	☐
	3	参加者に事前の資料準備や事前課題を依頼する。	☐
会議開始	4	会議での役割を事前に決めておく。	☐
	5	会議中に、会議のメモをとったり、他の作業をしたりしない。	☐
	6	ホワイトボードに会議のアジェンダを記載する。	☐
	7	会議前にアイスブレイクを入れ、意見を言いやすくする。	☐
	8	会議のスタート時に会議のルールを確認する。	☐
会議進行	9	アイデア出し会議では、制限時間やアイデア出しの目標設定をする。	☐
	10	意思決定会議では、司会者が論点を明示する。	☐
	11	意思決定会議では、議題を明示する。	☐
	12	意思決定会議では、決定した内容を前提条件としてこまめに確認する。	☐
	13	意思決定会議では、書記が発言内容・決定事項を共有する。	☐
	14	意思決定会議では、議事録をスライドに投影しながら進める。	☐
	15	準備した資料で意思決定を行い、それ以上の資料を要求しない。	☐
	16	意思決定会議では、事前に意思決定方法を明確にする。	☐
	17	会議の終盤で、会議のアウトプット・今後のアクションの明確化を行う。	☐
	18	会議が終了しそうにない場合は、 ① 意思決定方法を確認する　② 意思決定の責任者が決定する ③ 意思決定しないことを決定する　などの方法で処理する。	☐
振り返り	19	会議の時間のラスト10分間は会議の振り返りを行う。	☐
実行促進	20	会議後に議事録を完成させる。	☐

■受講者の声■

　以下は、「忙しさからの解放～会議の質の向上編～」研修を受けた受講者の声です。

・会議のあり方に対して時間をかけて議論することが過去に無かったため、目的や役割の意識づけができて良かったと思います。

・会議の事前準備を出席者がしっかり行うことで、時間短縮が図れると感じました。

・会議の進行役の力量で、会議の質が大きく左右されることがわかりました。

・自分が会議進行の妨害者になっていることがあると思いました。

・意外と進行役が会議を脱線させているパターンが多いことに気づけました。

・会議室の椅子を無くすなど、物理的な改善をしていくことも必要だと感じました。

■内省型リーダーシップを発揮するための実践ガイド■

> 生産性の高い会議を実現するルール・型を作り、誰もがルール・型に沿って会議を進行できるようにする。

　会議のルールと型を確立することで、誰でも効果的な会議を進行できます。ルールと型が浸透すれば、会議の質や進行のスピードも向上します。また、会議のルールと型を確立することで、マネジャーだけでなく、部下も進行ができるようになります。進行役の経験は、視野を広げるだけでなく、チーム全体の人材育成にも寄与します。

　弊社では、定例会議の進行役や議事録作成者を毎回ランダムに選び、一人ひとりの会議運営能力を向上させています。会議のルールと型を確立することは、会議の効果を高めるだけでなく、人材育成のツールにもなるため、ぜひ実践してみてください。

計画は本当に必要？〜成人発達理論の観点から〜

　最近、計画を策定することが本当に必要なのか疑問に思うことがあります。確かに、株主に対して将来を約束し、経営者と従業員が一体となって計画達成に努めるのは良いと思います。生産計画や人員計画と連動させる必要性も理解しています。しかし、計画を立てた後で、「計画達成を目指せ」とだけ命令する無責任な役員やマネジャーも存在するのが現実です。

　なぜ経営者やマネジャーは計画というものさしを欲しがるのでしょうか？成人発達理論の観点から見ると、自己受容型知性（発達段階4.0）の段階の人々は、普遍主義を好む傾向があり、何らかのものさしで判断・管理をする傾向が強いです。実は、多くの経営論、戦略論、財務論、人材育成論などは、発達段階4.0の視点から生まれています。会社経営を客観的に分析し、普遍的な理論にしたものが論文や書籍として公表されているのです。

　そして、多くの企業では、役員・マネジャークラスの多くが発達段階4.0におり、世の中にある経営論を活用・応用してパフォーマンスを発揮します。彼らは普遍的な方法で管理することに慣れており、計画や評価基準、法令遵守の規定などを求めることが多いです。

　しかし、以下の点を考えてみてください。

　・計画がある場合とない場合、どちらが業績を向上させるのか？
　・評価がある場合とない場合、どちらが社員の成長が早いのか？
　・法令規定が厳格な場合と緩やかな場合、どちらでコンプライアンス違
　　反が少ないのか？

　これらを、実際に自社で検証したことはないと思います。

　このように、現状の仕組みが本当に機能するのかという疑問を抱くのは、相対主義型・多元主義型知性（発達段階4.5）の段階の特徴です。この段階の人々は、慣習的な枠組みに縛られることをストレスに感じます。そのストレスに耐えかねて会社を退職する、あるいは独立して事業を始めるなどの行動を選択することもあります。しかし、私はこのような人材こそ、現状の仕組みに疑問を持ち、イノベーションを起こせる人材だと考えています。上記のような疑問を呈する人材に出会ったら、その意見を大切にする度量を持つことがとても大切です。

第7章

・・・・・・・・・・・

人材育成のスキル

7−1 新入社員に定着させたい経験学習

■現場が抱える課題■

　この章では、これまで定石とされていた人材育成論に対し、私が直接体験したり、成人発達理論を応用したりしている新しい視点の人材育成論を紹介します。これまでの皆さんの人材育成手法に加え、新たな視点が育まれれば幸いです。

　最近の新入社員を指導する際、「その仕事の目的はなんですか？」「そう考える背景はなんですか？」という質問をよく受けると思います。昭和時代に育ったマネジャーからすれば、「俺の背中を見て学べ！」「言われたとおりに実行しろ！」と感じるかもしれませんが、そこはぐっと我慢しましょう。なぜなら、現代の新入社員にとって、「言われたとおりに実行しろ！」という言葉は、彼らのこれまでの学びを否定されたように感じるからです。

　アメリカのデューク大学の研究者、キャシー・デビッドソン氏は、2011年8月のニューヨークタイムズ紙のインタビューで「2011年度にアメリカの小学校に入学した子どもたちの65％は、大学卒業時に今は存在していない職業に就くだろう」と述べました。

　これを受けて、2015年2月の文部科学省提出資料の中で、産業から求められる人材を以下のように定義しました。

　　・他者と協働しながら価値の創造に挑み、未来を切り開いていく力を身に付けた人材
　　・社会・経済の変化に伴うニーズに対応した人材

　これは、ビジネスで求められる能力と同様に、学校教育でも「論理的思考力」「創造性」「問題解決力」「コラボレーション力」などの向上が求められることを意味しています。これに伴い、先行する学校では「問いを立てる力」を育む学び方にシフトしています。

　新入社員に関しては、特に優秀な人ほど「任された役割を全うしたい」「わからないことを解消したい」という気持ちから質問することが多いでしょう。そのため、マネジャー側が新入社員の「なぜ」に答え続けていくことが新入社員育成の一歩となります。

■課題が発生する真因■

> 仕事の目的や背景を聞いてくるのは、最近の学生の学び方が変化したから。

　探究学習が、新しい学習指導要領として2020年から小学校、21年から中学校、22年からは高等学校でスタートしています。探究学習とは、生徒自らが課題を設定し、解決に向けて情報を収集・整理・分析したり、周囲の人と意見交換・協働したりしながら進めていく学習活動のことです（図表7-1-1参照）。学生が立てた問いを他者と共有しながら、自分にはなかった視点を醸成させる学び方をしています。

【図表 7-1-1　探求学習とは】

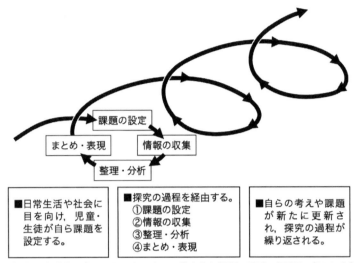

課題の設定

まとめ・表現　　　情報の収集

整理・分析

■日常生活や社会に
目を向け、児童・
生徒が自ら課題を
設定する。

■探究の過程を経由する。
①課題の設定
②情報の収集
③整理・分析
④まとめ・表現

■自らの考えや課題
が新たに更新さ
れ、探究の過程が
繰り返される。

引用）文科省『今、求められる力を高める総合的な学習の時間の展開』（2021年）

　どのように探求学習が行われているのかを知るために、2021年当時中学校１年生だった娘の歴史のプリントを見せてもらいました（図表７-１-２参照）。従来の「1192（いい国）つくろう鎌倉幕府」というような暗記主体の学び方は行われていません（鎌倉幕府の成立年として1192年説よりも1185年説が有力とされてきているようです）。課題設定の際、いつごろ（When）、どのあたりで（Where）、どのような人［国家・民族］（Who）が、何を（What）したのか、どのような（How）意味・意義があるのか、という点が問われています。これは、「なぜ」が問われ、「なぜ」に答える学習をしていることを意味しています。

【図表7-1-2　探求学習の様子】

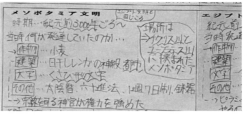

これから、小学校から大学までの合計16年間で「なぜ」を問うように指導を受ける時代になります。そうした背景で育った新入社員が、体にしみついた「なぜ」を質問して、「言われたとおりに実行しろ！」とフィードバックを受けると、「わ！この上司はやばい」「この職場では生き残れない」と判断してしまうでしょう。それでは、大切に採用した人材の流出につながってしまうため、マネジャーは新入社員に経験学習という学び方に変化することを教えてあげてください。そして、職場では、経験学習を取り入れた育成支援を行いましょう。学生の頃は一堂に会しての学びが中心でしたが、社会人になると学びは個人にゆだねられます。この学び方の変化を受け入れ、新たに経験学習を身につけることが社会人生活で好スタートを切るための方法だと伝えてください。この書籍では経験学習（図表7-1-3参照）の詳細な説明は控えますが、経験学習を取り入れるメリットは、次ページのとおりです。

【本人にとってのメリット】
・体験したことを言葉にすることで、再現性が向上する。
・わからないことを相談でき、学びが楽しくなる。
・できることが増えていくため、成長感が強まる。
・成人発達理論の発達促進には、内省力が大きく影響するため、将来の発達促進にもつながる。

【職場にとってのメリット】
・何度も同じことを指導しなくてすむ。
・本人がわからないことを教えればよいため、指導の効率があがる。
・質問力がつき、新入社員の積極性・自主性が増す。
・本人がどの程度理解しているのかを把握できる。
・本人の心の状態も見える化できるため、メンタルダウンや離職防止につながる。

【図表7-1-3　経験学習とは】

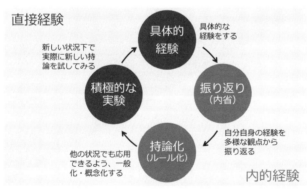

引用）北海道大学松尾教授が修正したコルブのモデル

　新入社員に一定期間、日報や日誌を書かせていることがあると思います。多くは直接経験（何を学んだか、何を体験したか）の記載を重視して

いるように感じますが、経験学習を取り入れた育成支援には、記載内容に
以下のような項目を追加します。

【経験学習の定着を意図して日報や日誌に書き加えること】
・振り返りとしての気づきや感想
・持論化できた成功パターン
・わからないことや質問したいこと

　1つ目と2つ目の項目は、経験学習の内的体験を言葉にするものです。
3つ目の項目は、我々独自の提案です。3つ目の項目を追加したのは、
OJT研修で、「新入社員時代に一番困ったことはなんですか？」と質問す
ると、「教えてほしいときに、先輩が忙しそうにしていて困った」という
回答が一番多いからです。「学びたい」ときに「質問できない」という学
びの機会ロスを減らし、「学びたい」ときに「教える」という学習効果を
上げるために、この項目を追加しています。
　OJTトレーナーは、仕事に一番脂がのっている時期で、OJTの時間が
なかなか取れないと思います。しかし、業務を一通り教えた後は、1日5
～10分ぐらい時間を確保し、新入社員からわからないことについて質問
を受け、教える時間を持てばいいのです。OJTトレーナー自身も、新入
社員から質問されることで、自分の頭の整理が進みます。

　私の実体験になりますが、コンサルティング会社にいたときのマネ
ジャーは、客先からの帰り道に必ず、「今日はどうだった？」と声をかけ
てくれました。必ず質問されるため、お客様とのミーティング中に、振り
返りを行う習慣ができました。当時のマネジャーは忙しく、会社にいるこ
とが少なかったため、私にとってコンサルティングの現場の時間、帰り道
の時間のみが、マネジャーから学べる貴重な時間でした。「今日はどう
だった？」と一声かけられるだけで、振り返りとして、自分の弱点を言語

化でき、わからないことを質問できる豊かな時間だったことを覚えています。

■**研修で伝えていること**■
　弊社では、経験学習の定着を目指して、NAIKANノートを開発しました（図表7-1-4参照）。
　初期のNAIKANノートには、以下の内容を記入してもらいました。

①仕事のゴール設定　　　　②具体的経験
③振り返り（内省）　　　　④持論化（ルール化）
⑤積極的な体験　　　　　　⑥今日の1日で感じたこと
⑦相談したいこと・教えてほしいこと
⑧それに対する上司・OJTトレーナーからのフィードバック

　新入社員はNAIKANノートを毎日記入して、OJTトレーナーに提出し、OJTトレーナーは（可能な限り）毎日フィードバックを行い、経験学習のサイクル定着を目指しました。

【図表7-1-4　初期のNAIKANノート】

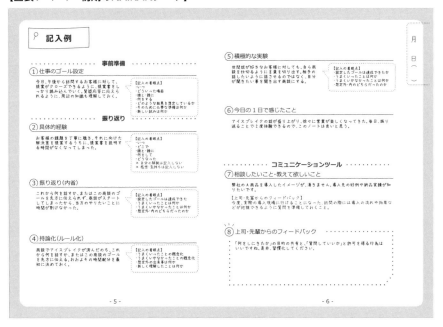

図表7-1-5のように経験学習について伝え、NAIKANノートの書き方の研修も実施しましたが、いくつか想定外のことが起きました。

【図表7-1-5　経験学習の事例や留意点】

項目	経験学習の事例	各プロセスにおける留意点
具体的経験	電話を取るとき、近くにメモ帳がなく、お客様名を暗記したが、思い出せなくなって先輩に迷惑をかけた。	経験内容について、現実に起きたことを記入します。「現実」と「解釈」に分けることが重要です。
振り返り（内省）	失敗の原因は、お客様訪問時にメモ帳をカバンに入れたまま、机に持ってくるのを忘れたこと。	自分が感じた「解釈」を記入します。できる限り、人のせいにせず、自分ごととして記入することが重要です。
持論化（ルール化）	お客様訪問用のメモ帳以外に、机にメモ帳を常備する。裏紙を使って、電話応対用のメモ用紙を作成する。	自分の経験から、次の機会にも活用できる理論（持論・ルールなど）に整理します。次の仕事が楽になったり、ミスが減ったりします。
積極的な実験	仕事を始める前に、机にメモ帳とペンがあるかを確認する。	持論化したものを、積極的な実験として実際に活用してみましょう。少しの改善でも毎日実施すると1ヵ月では大きな変化・成長になります。

　実施してわかったことを以下にまとめました。第2章の成人発達理論の解説でも触れましたが、新入社員クラスの内省力はそれほど高くないため、自分の内面を言葉にすることが難しかったのです。

【想定以上にできなかったこと】
・新入社員にとって、自分の内面を言語化することは難しい（個人差がかなりある）。
・OJTトレーナーの経験学習が定着していないと、新入社員を指導できない。
・新入社員にとって、1日の仕事のGoalイメージを持つことはかなり難しい。
・書くことに時間がかかる新入社員には、NAIKANノートを書くことがかなりの負担になる。

【想定外のメリット・実施してわかったこと】
・感じたことを記入してもらうと、新入社員の心の状態が把握できる。
・2〜3ヵ月継続すると、NAIKANノートを書くことに慣れる。
・書き慣れると、相談したいこと・教えてほしいことが増えてくる。
・新入社員とOJTトレーナーとのNAIKANノートのやり取りから、両者の人間関係が把握できる。

　OJTトレーナーが経験学習を習得していないと、書き方の指導ができないことがわかりました。全社員に経験学習を定着させるためにも、新入社員や若手社員には継続的なNAIKANノートの記入から経験学習を定着させたいものです。

　感じたことを書いてもらうことで、「疲れた」「気が重い」などの表現を通して新入社員の心の状態が把握できます。「疲れた」という言葉を頻繁に書く新入社員を発見して、メンタルダウンする前に休ませることができました。

　また、NAIKANノートのやり取りから、新入社員とOJTトレーナーの関係性や信頼度も見えるようになります。悪化した信頼関係が回復できない場合は、OJTトレーナーの交代を行うなどの対応も取り入れました。教え方・学び方のミスマッチが表出するため、NAIKANノートは有効だと感じました。

　上記の観点で、NAIKANノートの仕組みを以下のように修正しました。

・OJTトレーナーにも、経験学習を定着させる期間を持つ（1ヵ月ほど先行してNAIKANノートを書く）。
・新入社員同士で、お互いに書いてある内容を共有する。
・最初は書く欄を少なくして、徐々に書く欄を増やす。
・書く時間の上限を設ける（現在は最大10分）。

> ・わからないこと・質問したいことは継続して記入する。
> ・OJTトレーナーに、フィードバックの書き方を伝える。

　上記の考え方を反映したのが、図表7-1-6になります。配属直後は、書く量を少なくし、記入時間は1回あたり最大10分と決めて、質問欄とフィードバック欄を設けました。そして、スプレッドシートなどで記入してもらい、新入社員がお互いに書いてある内容を参考にすることができるように工夫しました。慣れてきたら、徐々に書く項目を増やすことにしました。

【図表7-1-6　経験学習の仕組化とは】

経験学習の定着（配属直後）🔍　　　　記入日　　　年　　月　　日

以下について、終業時・始業時・業務終了後などに最大10分で整理してください。

10分以上かかる場合は、書ける範囲で結構です。

③がある場合は、上司・先輩に質問・相談して、フィードバックをもらった内容を④に記入してください。

① 具体的体験（真似したいこと）	上司・先輩の言動や、職場の書類などを観察して、真似したいと思ったことについて、できる限り具体的（5W1H）に記入してください。

② 持論化(ルール化)	①を書いたことで生まれた気づきのなかで、今後に活かせることを可能な限り具体的に記入してください。

③ 質問したいこと	上司や先輩に質問したいことや、相談したいことがあれば記入してください。

④ フィードバック	上司や先輩に質問・相談して、理解できたことや気づいたことがあれば記入してください。

　成人発達理論によると、内省力が発達促進に寄与します。また、他責化せず自分ごとにできる人ほど成長が早いといわれています。経験学習が回せると、PDCAサイクルも回るようになるため、全新入社員に経験学習の定着を促し、社会人人生における一生涯の学びの質を高めてほしいものです。

　少しだけ採用の話に触れます。経験学習が入社後の成長を加速させると仮定すると、内省力≒自分の内面の言語化能力が入社後の成長において大切な要素になりそうです。自分の内面を言語化することには、相当の個人差があることがわかりました。採用試験の１つとして経験学習を書いてもらったり、発表してもらったりなど、内省力や言語化能力を測ることを組み入れてみてもよいと考えています。

■内省型リーダーシップを発揮するための実践ガイド■

> **マネジャー自身も、内省の習慣を身につける。**

　新入社員から内省の習慣作りが大切ですが、もちろんマネジャー自身も内省を習慣化することが大切です。個人的には、役員・マネジャークラスこそ内省の習慣を身につけてほしいです。自分の内面を言葉にして、新たな「気づき」を発見することで、自分が認識していなかった多様な視点に気づけ、それにより部下の見方が変わることが多々あります。問題だと思っていたことが、自分の捉え方を変えることで、問題ではなくなることがあります。

　第２章でお伝えしたように、成熟したマネジャーになるためには、相手を変えるスキルと、自分を変えるスキルの２つのスキルを身につけることが大切です。自分を変えるスキルは、端的に表現すると内省力です。役員・マネジャークラスになると、自分のスタイルができ、自分の正しさに固執しがちですが、そこから脱皮できる唯一の方法が内省です。

　新入社員と同じようにNAIKANノートを用いることも一つの方法です。

また、第8章でご紹介するグループリフレクション[10]（以下、グルリ）を利用することや、日記をつけること、自分の想いや考えをSNSに綴ることもよいでしょう。要は、自分の内面を言葉にする習慣を持つことが大切です。

　そして、新入社員だけではなく、全メンバーに経験学習の定着を促進してほしいと考えています。週報や月報などを作成している職場は多いと思いますが、そこに出来事・連絡事項（直接体験）だけではなく、気づきや感想などの内的経験も記入する欄を設けるだけでよいと思います。読んで気になった箇所があれば、ぜひ1on1の話題にしてみてください。

　多くのマネジャーは日々の忙しさに追われ、自分が疲れていることに気づかないこともあるでしょう。時には、自分のための休みをゆっくりとって、自分を労わる＝自分を自覚する＝自分に気づく時間をとってほしいと思います。会社のためでもなく、家族のためでもない、少し長めの一人旅などがおすすめです。

7-2　できていることに焦点を当てた指導方法

■現場が抱える課題■

　マネジャーには、部下が「期待どおりに行動しない」「チャレンジを避けようとする」といった悩みがあると思います。第2章でも触れましたが、人は合理性をもって、行動を選択しています。部下の内面で、自覚・無自覚の違いはあれども、「マネジャーの期待以外の行動をする」「チャレンジしない」という行動を部下自身が選択していることを認識してください。

10　グループリフレクションとは、通常上司1名と部下1名で行われる1on1ミーティングを、4on1ミーティング（部下4名と上司1名）の形式に変更したものです。ありたい姿に向けて上司と部下がPDCAサイクルを一緒に回しながら、相互理解も促進することができるコミュニケーションツールです。

　できていないことを過度に指導することは逆効果になります。あまりにも部下への指導を繰り返すと、以下のような悪循環に陥る可能性があります。

- ・部下は、何度も同じことを言われるため、うんざりしている。
- ・部下は、うんざりしているため、行動に移したくなくなる。
- ・マネジャーは、さらにきつく、できていないことを指導する。
- ・部下は、さらにやる気を失うか、恐れが増して、さらに行動に移せなくなる。
- ・マネジャーは、その部下について悪評を広めたり、評価を下げたりする。
- ・部下は、さらにやる気を失ったり、萎縮したりして行動に移せなくなる。

　マネジャーと部下との関係では、どうしても感情の揺らぎが生まれます。そのため、マネジャー側からはイライラや残念な気持ちが、部下側からはうんざりした気持ちや申し訳なさといった感情が芽生えがちです。これを放置すると、お互いの信頼関係が崩れて、関係の修復が難しくなることも考えられます。

■課題が発生する真因■

> できていないことを伝える指導法で、部下の「恐れ」「自己否定感」を増幅しているから。

　最近、グルリを多くの企業で取り入れていますが、心理的安全性の観点から、ファシリテーターがあまり指摘をしないように気を配っています。例えば、発表が時間内に終わらなくても、あえて指摘しないようにしています。最初に、時間管理は自分でお任せしますと伝えて、発表が終わった時に「5分ぴったりでした」「4分40秒でした。時間を意識しましたね」

などのポジティブなフィードバックをしています。

それは、このような出来事があったからです。

> マネジャー　「今日は、５分以内で発表することを意識します」
> 私　　　　　「発表時間は５分15秒でした。惜しかったですね。途中
> 　　　　　　でクリアできるかと思っていました」
> マネジャー　「本当に悔しいです。練習したんだけどな〜」

マネジャーの言葉や表情から、自分の不十分さを痛感している様子が見受けられました。本当に残念そうな気持ちがこちらにも伝わり、「指導を受ける側は、自分ができていないことをすでに認識しているのではないか？」と思うようになりました。

グルリの発表後、発表者には折を見て、「発表前は、どのような心境でしたか？」と尋ねるようにしています。回答の多くは、「自分の書き方や発表の仕方があっているか心配だった」「時間内に発表を終わらせられるか不安だった」という内容です。ほとんどの人が、自分が正しくできているか、発表が上手にできるか不安なのだとわかりました。そのため、「きめ細かく書けていますね」「具体的な計画が描けていますね」「時間を意識しましたね」など、本人が安心できるようなフィードバックを心がけるようになりました。

このアプローチを応用して、最近は、できてない点を指摘するのではなく、できている点、特にできているか不安な点について「できているよ！」と伝えることに重点を置いています（図表7-2-1参照）。

【図表7-2-1　できていることをフィードバックする】

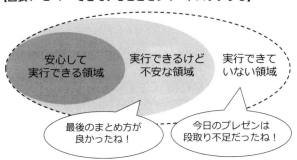

　部下とマネジャーがお客様を訪問し、部下のプレゼンテーションがうまくいかなかった場面を想定してみましょう。部下のプレゼンテーションがうまくいかなかったことに対して、マネジャーは自分も責められたように感じるものです。そして、つい「今日のプレゼンは段取り不足だったね！」と部下の問題点を指摘してしまいがちです。しかし、部下自身もその失敗を痛感し、申し訳ないと反省しているはずです。このような状況で、指導風の八つ当たりをしても、部下の反感を買ったり、部下の傷口に塩を塗ったりするだけになる可能性があります。そういったときこそ、「最後のまとめ方が良かったね！何か次に向けて改善できそうなことはありますか？」と、ポジティブなフィードバックに加えて、気づきを促す質問をすると良いでしょう。

　実際に、弊社内でも初めてのトライアルの仕事などで、「うまく書けているね」「ファシリよかったね」と声をかけると、部下が安心した面持ちになるのがわかります。特に、スペシャリスト志向が高いマネジャーは、自分と同じようなレベルでできていないと注意したくなりますが、そこはぐっと我慢するようにしましょう。

■研修で伝えていること■

　研修では、上記の概念を発達の最近接領域を参考にして解説していま

す。発達の最近接領域とは、Zone of Proximal Development（ZPD）の訳で、ロシアの心理学者ヴィゴツキー（Vygotsky）が唱えた子どもの学習・発達における「関係性」に着目した教育・学習の概念です。

ZPDとは、適切な支援のもと達成可能な領域のことをいいます。OJTトレーナー研修では、能力のレベル軸と課題の難易度軸から図表7-2-2のように表現しています。①の領域は慣れてきて退屈に感じ、②③は挑戦と感じ、④は能力に対して難易度が高く不安を感じるという概念です。

①の仕事：支援がなくても達成可能なため、その仕事を退屈だと感じる可能性がある。
②の仕事：能力レベルより課題の難易度が少し高いが、一人で挑戦できるレベルと感じる。
③の仕事：適切な支援のもとで達成可能なため、育成担当者のサポートがあると挑戦できるレベルと感じる。
④の仕事：支援があっても達成不可能なため、その課題に不安を感じる可能性がある。

【図表7-2-2　ZPD（Zone of Proximal Development）とは】

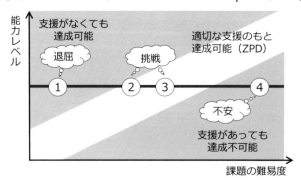

　これは新入社員を想定した図表ですが、若手・中堅社員でもあてはまるでしょう。第2章で解説したように、成人発達理論の観点から、特に若手・中堅社員は、周囲からの評価を気にする傾向があるため、できたことをフィードバックする、マネジャーが行動を承認していると伝えることも大切です。中堅社員へは、きめ細かいサポートは卒業していると思います。そのため、図表7-2-2の②③の領域の仕事に関して、「できているよ！」と伝えるだけで良いかもしれません。

　「できている」領域が明確になることで、安心してできていない部分について行動してみようと思うかもしれません。「できている」領域を褒めることによって、自己肯定感が増して、リスクを取ろうというゆとりが生まれる可能性があります。できていないことを指摘するより、できていることを承認した方が、成長が加速していくと考えています。最終的には、自分で図表7-2-2の②の領域に挑戦し、トライ＆エラーできる人材が自律的に成長していくのでしょう。

　できるけど不安があること・不安をもって実行していることは、以下のようなポイントで見極めてみてください。

- ・初めて実行に移した仕事
- ・質問や確認が多い仕事
- ・進み具合が遅い仕事
- ・本人に苦手意識があると想定している仕事
- ・実行をためらっている仕事
- ・迷いながら行動をしているように見える仕事

　いくつか見極めのポイントを書きましたが、結局は1on1をしたり、「不安に思っていることは何？」「懸念事項はある？」と声をかけたりして、本人から聞き取ることが一番有効かもしれません。

■内省型リーダーシップを発揮するための実践ガイド■

> ポジティブ面に焦点を当てて部下の指導を行う。

　多くのマネジャーは、できていないことに対して指導をしていると思います。しかし、自分の内面を詳細に追っていくと、部下が意図どおりに実行しないことへの怒りや残念さという感情があることに気づくかもしれません。怒りや残念さという感情が入るのは、期待があるからです。期待の奥には、自部署の成果を達成したい欲求や、自分がマネジャーとして守りたい評判や地位などの欲求があるかもしれません。それらに無自覚なまま指導してしまうと、部下はマネジャーの都合や負の感情を感じとって、指導をポジティブに受け止めることが難しくなります。

　部下の指導は、できていることをフィードバックすると決めるぐらいの覚悟を持って部下と接した方が良いかもしれません。マネジャーは常にフル稼働していることや職責のプレッシャーから、ネガティブな感情に傾きがちです。一度、ネガティブな思考に取りつかれると、回復するのが難しいため、ポジティブ面に焦点を当てて部下の指導を行うことが、マネジャー・部下ともにポジティブな状態を保つための一助になればと思います。

7-3　弱みは克服しない

■現場が抱える課題■

　マネジャーにとって、人材育成は悩みの種です。私も、弱みを克服しようと思って泥沼にはまった経験があるため、その失敗談を共有します。

　創業当時は、ビジネスが不安定で、常にプレッシャーにさらされていました。自分の頭の中では、いろいろなシミュレーションをしており、どのように進めるのかというプランがありました。そのプランを進めるため

242

に、部下に業務を依頼するのですが、うまく進まないことにいつもイライラしていました。朝、歯を磨きながら、ある部下に対して、「どうせ、○○をやっていないだろう」と勝手にイライラして、実際に部下がやっていないと「それみたことか！」と怒っていました。

　泥沼の構造は、以下のとおりです。

> ・私は、部下の弱みを克服しようと指導していた。
> ・部下の行動が変わらず、私はイライラしていた。
> ・部下は、プレッシャーを感じて、申し訳なく思い、身動きが取れなくなっていた。
> ・私は、いつもイライラしている自分に疲れてきた。
> ・マネジャーとしての自分のダメさ加減に、うんざりしていた。

この状態が変化するいくつかの出来事がありました。

　ある部下は、緻密性が低く、段取りの漏れがあり、いつも抜け・漏れの指摘をしていました。その部下が適性診断を受けると、緻密性がかなり低いという結果が出て、それを見ると肩の力が抜けました（抜け・漏れがあってもよいと許せました）。緻密性が低い部下の緻密性を上げようと奮闘していたことが無意味だったことに気がつきました。

　ある部下は、優秀な一方で、集中力に欠けており、仕事を途中で投げ出すことが度々ありました。1on1のときに聞いてみると、両親との関係で自己否定感が強く、辛抱強く何かを成し遂げることが苦手だと判明しました。このとき、仕事に過去のメンタルモデル[11]やトラウマも影響してい

11　メンタルモデルとは、個々人が保有している信念であり、現実世界をみるフィルターのことです。トラウマや強い恐怖が生じた出来事に対して、その痛みを回避するために構築された信念・前提・拠り所になっているものです。

ることを知り、指導や人材育成の範疇を超えた克服の難しさを感じました。

　ある部下は、段取りを組むことが苦手でした。1on1をして、段取りを組む苦手さを深掘りしていくと、「実は、…」とぽつりぽつり教えてくれました。「どうやら、他の人に比べて、頭に情報が入りすぎるようなのです」「学生時代は、国語の問題を全部読むと、頭で整理しきれないので、問題文を読んであたりをつけて本文を読んでいました」「車の免許も、運転中に情報が入りすぎて、取得できませんでした」という話をしてくれました。段取りが組めないのではなく、情報収集＆把握力が人並以上だったのです。そのため、その特性を仕事に活かすために、仕事の範囲を狭めて、1社1社深く関わってもらうことにしました。弱みを克服するのではなく、強みを活かせる配置にした方が、組織として効率が良いと気がついた瞬間でした。

　自分の失敗談や気づきばかりをお伝えしてしまいましたが、皆さんも部下の弱みを克服しようとして失敗した、断念した経験をお持ちではないでしょうか？部下の弱みを克服しようとすると、それがうまくいかずに自分がイライラしたり、部下からの信頼を失ったりするなど、マイナスの影響が大きいと感じています。

■課題が発生する真因■

> 部下の育成でイライラするのは、部下の弱みを克服しようとしているから。

　近年、クリフトンストレングス（旧ストレングスファインダー、米国ギャラップ社開発のオンライン才能診断ツール）やVIA-IS（クリストファー・ピーターソン博士とマーティン・セリグマン博士が開発した強み

　診断）の台頭により、弱みの克服から、強みを伸ばそうという考え方に変わってきました。個人的にも、人材育成のほろ苦い経験を踏まえて、弱みは克服できないという見解に落ち着きました。

　弱みには、「能力的なもの」「メンタルモデル的なもの」「先天的なもの」と、大きく分けて３つの観点があります。先ほど紹介した部下の例は、最初に能力的な弱み、次にメンタルモデルの影響から生じる弱み、最後に先天的な弱みの事例を挙げています。

　「能力的なもの」は、緻密性がない人に緻密性を持たせることが難しいように、能力開発は難しいと思っています。一人に対して365日24時間サポートすることで不得意部分の能力開発ができるといわれていますが、ビジネスの現場においてそれは非合理的です。

　「メンタルモデル的なもの」は、幼少期に親から受けた影響や思春期に友人から受けた影響により、個人が持つ信念・根底にある固定観念を指します。例としては、親から厳しくしつけられた人が、慎重に行動する癖がついていることなどが挙げられます。メンタルモデルの開放は不可能ではありませんが、そのスキルを持ったマネジャーはごく少数だと思われるため、メンタルモデル開放の支援も困難だと考えています。

　「先天的なもの」は、何かの機能が欠落していたり（例えば、一般の人より時間の概念が薄い）、何かの機能が多すぎたり（例えば、一般の人より目から入る情報が極端に多い）することを指しています。これも先天的な要素であるため、改善は困難を極めます。

　多くの場合、これらの要素が複雑に組み合わさって、個々の強みや弱み、また、その人独自の性格が形成されます。
　近年、多様な強み・弱みのある人材を受け入れ、その能力を発揮させる

ダイバーシティ＆インクルージョン[12]が叫ばれていますが、今後は、弱み
を認め、強みを活用する方法を模索することもマネジャーの役割になって
くるでしょう。一人ひとりの強みと弱みを見極め、それぞれに合った配置
をして、組織のミッションや課題を解決することがマネジャーの醍醐味な
のかもしれません。

■内省型リーダーシップを発揮するための実践ガイド■

> 部下の強みを見つけることを楽しみ、部下が成功しやすい役割を
> 提供する。

　強みとは、他の人と同様の方法で取り組んでも、他の人より成功しやす
いポイントのことです。マネジャーの役割は、さまざまな強みがある中
で、部下の強みを特定し、それらを組織のミッション達成にどう結びつけ
るかを考えることです。

　強みを特定し、このような役割だと活躍しそうだと仮説を立てて、任せ
て検証するというサイクルを繰り返しながら、組織の適材適所の最適化を
し続けることがマネジャーの役割です。そして、人材育成とは、強みを発
揮できそうな役割に配置することで、その人の潜在能力を開花させること
に近いと考えています。育成するというよりは、「強みを見つけ、それを
発揮できる場所に置く」という表現がフィットします。

　強みを見つけるためには、職場内での定期的な役割変更や、前任のマネ
ジャーからの情報収集、職場の部下同士でお互いの強みをフィードバック
することなどが有効です。また、部下は自分の強みに関する部分を起点
に、提案・意見してくることが多いと思いますので、それを受け入れるこ
とで強みが見えたり、強みに磨きがかかったりするでしょう。

12　ダイバーシティとは、多様性を意味します。インクルージョンは、多様な人材の個々の特
　　性が組織で活かされている状態を指し、ダイバーシティとセットで企業経営のキーワード
　　として掲げられています。

　部下から問題点を指摘したり、提案・意見を述べたりする領域は、本人が自信を持っている分野だと思います。部下の強みを発見できる可能性があるため、できる限り提案・意見を受け入れることが人材育成につながると考えてください。

　強みに焦点をあてた人材育成ができるようになると、新たな強みを発見することや、強みを発揮できる役割を試すことが楽しみになります。また、部下が強みを発揮できる領域を見つけられると嬉しいものです。強みを活かす視点で人材育成ができると、人材育成が楽しくなってきます。

7－4　人材育成はおこがましい!?

■現場が抱える課題■

　人材育成に関する課題は依然としてなくなりません。近年は、特にITを活用した新しい人材育成手法が革新を遂げていますが、人材育成に関する根本的な課題の解決は進みにくいと感じています。実際、解決できないのではないかとも思い始めています。

　私は「人材育成」という言葉はあまり好きではありません。それは、「人材育成」という言葉の裏に、会社やマネジャーの都合が見え隠れすると感じるからです。そして、人材育成は、部下に対しておこがましい行為なのではないかとも疑い始めています。

　人材育成の場面で、図表7-4-1のようなコミュニケーションが行われたとしましょう。部下がある行動を選択したくない理由を述べたとしても、「わかった。では、巻き込みはしなくてもいいよ！」という流れにはまずならないでしょう。逆に、かぶせるように「あなたのために…」と、正論を振りかざすでしょう。マネジャーが正論を振りかざす以上、部下は「私が悪いので、行動を変えます」という選択をするしかありません。

【図表7-4-1　人材育成の暗黙の前提】

○○業務はできているけど、巻き込み弱いよね

でもさ、…のとき、困るのはあなたでしょ！

巻き込みをしていないのは、…だからです

はい、頑張ります！

いつも話を聴いてくれないな…

【前提】
上司は正しい

【前提】
部下は間違っている

　成人発達理論の観点から見ると、自己著述段階（4.0）では、論理的思考に磨きがかかります。一方で、部下はこの発達段階に達していないことが想定されるため、マネジャーが論理的に議論を展開すると部下は太刀打ちできなくなります。マネジャーが正論を掲げれば掲げるほど、部下は制約をかけられ、身動きが取りにくくなります。

　「人材育成」という言葉の裏には、主体（経営者・マネジャー）は正しくて、客体（従業員・部下）は変えなければいけない存在という、近代マネジメント論の基本前提が見え隠れします。環境の変化が緩やかだった時代には、上層部に情報が集まるため、正しい判断ができたかもしれません。しかし、VUCAの時代では、現場に近い部下からの情報による判断が正しい可能性もあります。マネジャーの視点で人材育成を進めることが、企業の永続・発展につながるという考え方は、以前ほど有効ではなくなってきたように思います。

■課題が発生する真因■

> 人材育成が進まないのは、上司都合で人材育成をするから。

マネジャーの皆さんに、なぜ人材育成をしたいのかを問いかけたことが

あります。図表7-4-2にあるように、あなたはなぜ人材育成・社員教育をしたいと思っているのでしょうか？という問いかけから、「なぜ」「なぜ」と数回深掘り、「でてきた自己都合」をチャットに挙げてもらいました。そうすると、自分の時間を作りたい、会社や周りから良く思われたいという上司の自己都合が出てきました。この自己都合が見え隠れすることによって、部下は気持ちよく成長することにブレーキがかかるのかもしれません。

【図表7-4-2　なぜ人材育成をしたいのか】

あなたはなぜ人材育成・社員教育をしたいと思っているのでしょうか？
「なぜ」「なぜ」と数回深掘り、「でてきた自己都合」をチャットにあげてください。

例）最初　　：「人材育成がしたい」　なぜ？
　　次　　　：「部下が育つと業績が上がるから」　なぜ？
　　その次：「組織業績が上がると、自分の評価が上がるから」

例）最初　　：「社員教育がしたい」　なぜ？
　　次　　　：「若手が育つと業務効率が上がるから」　なぜ？
　　その次：「業務効率が上がると、自分が楽できるから」

　もし、自分が自己都合の人材育成をしていることに気づいたら、部下都合の人材育成に変えましょう。では、部下都合の人材育成とは何でしょうか。

■内省型リーダーシップを発揮するための実践ガイド■

> **人材育成を行うのではなく、お互いに関わりあい、協力しあう。**

　ここから表現することは、どの人材育成論にも書いていないですし、自分が実施できているかも自信が持てない内容です。参考になる部分だけ、心に刻んでいただければ幸いです。
　部下をマネジメントする・育成するという行為は、自分が正しいという

前提のもと、部下を変化させながら成果を追求する、という考えが前提にあると感じています。自然界、具体的には森をイメージしてみてください。森には特定の強力なリーダーはおらず、動物や植物が他の生物に指示を出すことはありません。それでも、全体として整合性を持っており、共存している感じがあります。もし、森の中で何者かがリーダーシップを発揮し、「ここは、もっと枝を伸ばして！」「あなたは枯れてください！」という指示を出したら、森の整合性は崩れてしまうのではないでしょうか？

　人間も動物や植物と同じ生命体です。もし、森のような職場を目指すのであれば、ありたい姿や成果を明確に設定し、心理的安全性を担保してお互いに自分の考えを言い合える関係を作る（心理的安全性については第8章で後述）ことで、お互いの成長の最適解が導かれ、適材適所となるように思います。

　グローセンパートナーという組織は、パーパスを「森」とおいて組織運営にトライしています。そして、いくつか一般的な考え方から乖離したトライもしています。会社を永続させることや、従業員の雇用・報酬を保障することを手放しました。私の中では、人を育成するという考えも手放しています。

　従業員は完全なリモートワークで、出退勤管理は自己申請です。会社は関東にありますが、青森・宮城・山形・三重・福岡県に住んでいる従業員もいるため、全体ミーティングはオンラインで、月1回の2時間だけです。それで、組織が動いていくかどうかを実験しています。その様子はメルマガで定期的に発信しているため、気になる方はHPのコラム欄を覗いてみてください。

　部下を信頼しない・できないことには、時間管理や詳細の指示・確認など管理コストがかかります。私は経験則として、経営者やマネジャーが部下を管理しないことが、部下が一番成長するのではないかと考えています。人材育成は、上司と部下との共同作業なのです。

コラム

成人発達理論を応用した社会人のキャリア構築

　日本におけるインテグラル理論や成人発達理論の第一人者、鈴木規夫氏に話を伺ったときのことです。発達促進と脳の容量の関係について、「発達段階が上がるということは、脳の容量が大きくなるわけではない。新しい視点を身につける一方で、何かを捨てることが必要」と説いてくれました。

　社会人のキャリア構築について、人事制度のコンサルタントとしての経験と、成人発達理論の知見を基に、「捨てること」に焦点を当てて持論を述べます。

　新入社員（発達段階3.0を想定）：初めて社会人となるため、脳の容量にはまだ多くの空きがあるはずです。この時期は、知識・スキル・経験を、広範囲にわたって吸収することが良いでしょう。特定の領域にこだわることなく、幅広く学ぶ姿勢が重要です。

　中堅社員（発達段階3.0を想定）：さまざまな職場や職種の経験を積むことがおすすめです。それにより、自分の適性や強み、さらに深めたい専門知識が明確になるでしょう。受け身の仕事から脱却し、主体的に提案や意見を出すことで、やりたくない仕事は捨ててみる勇気が必要かもしれません。

　中核社員（発達段階3.5を想定）：この段階は、自分の専門性を発揮したくなる時期です。知識を深めることに時間を投資し、自らの独自の価値を社内外に示せるよう努めます。この時期は自分の専門性を磨くことを優先する中で、他者の協力活動や後輩育成が後回しになりがちですが、思い切って専門性を磨ける仕事のみに注力してもよいかもしれません。

　マネジャー（発達段階4.0を想定）：この段階では、包括的な視点や将来的な視点を持ち、組織全体の最適な結果を追求する役割が増えます。多角的な視点を考慮する中で、細部にこだわりすぎるとマイクロマネジメントに陥るリスクがあるため、自らの専門性やこだわりを捨てて、組織のパフォーマンスを最優先にする考え方が求められます。

　第3章で、戦略実行のために「捨てること」の重要性を強調しましたが、キャリア構築の過程でも、「捨てる勇気」が必要になってきます。

第8章

心理的安全性と
リーダーシップ

8-1 心理的安全性の向上が進まない理由

■現場が抱える課題■

　心理的安全性とは、自分の意見や本音、気持ちを躊躇なく安心して表現できる状態をいいます。かつて、心理的安全性が高いというのは「仲が良い職場（ゆるい職場）」であるため、生産性が低くなると誤解されていました。しかし、心理的安全性という概念の普及により、高い心理的安全性は「リスクを取ることができる関係性」を意味し、生産性が向上するという理解が広がってきました。

　本来、心理的安全性は最初に取り上げたいテーマでしたが、あえて最終章に位置づけました。私は、コミュニケーションやマネジメントは、心理的安全性を基盤として機能すると考えています。一方、心理的安全性を低下させる要因は、「反応行動」であるとも考えているため、先にその解説を行った上で、心理的安全性について話をしたいと考えました。そのため、私が最も重要と考える心理的安全性に関する内容を、この書籍の最終章で解説することにしました。

　まず、心理的安全性を高めるメリットについて触れます。以下は、「職場の心理的安全性が高まると、自分にどのようなメリットがあるか」という質問に対する受講者の回答です。

【コミュニケーションの視点】
　相談したり、されたりすることが増え、情報が広く行きわたるようになる。
【意思決定の視点】
　実態を正確かつ迅速に把握できるため、意思決定の質が向上する。

【イノベーションの視点】

　多様な意見が寄せられ、課題解決のためのアプローチが広がる。

【問題解決の視点】

　早い段階でリスクやミスの発見ができ、迅速な対処が可能となる。

【チーム作りの視点】

　本音が共有できるため、チーム内の風通しが良くなる。助け合いの

　文化が生まれる。

【相互理解の視点】

　多様性を理解し、個々の意見を尊重する文化が形成される。

【人材育成の視点】

　お互いに考えや行動を共有する場が増え、わからないことを質問し

　やすくなり、学びの質が向上する。

【自主性の視点】

　発言がしやすくなり、自主的かつ主体的な行動が増える。

このように、数多くのメリットが存在します。

　一方で「職場の心理的安全性が高まると、自分にどのようなデメリット
があるか」と質問すると「議論が長引き、結論が出るまでに時間がかか
る」「緊張感がなくなり、ゆるい職場になる」「メンバーからの突き上げが
激しくなり、マネジャーがメンタルを病む」「マネジャーが不要になる」
などの意見があがります。しかし、この本を読んできた皆さんは、これら
は心理的安全性の理解不足による誤解や、自分の欲求（生存本能）が脅か
される妄想だと理解できると思います。

　私は、心理的安全性を高めることによるデメリットはなく、逆に得られ
るメリットは計り知れないほど大きいと考えています。心理的安全性を高
めるメリットが理解されていれば、すべての組織で心理的安全性が高まる
はずです。ところが、実際には心理的安全性が低い組織が依然として存在

255

しています。

　皆さんはお気づきかもしれませんが、心理的安全性を低くしている要因は、無自覚な反応行動です。しかし、多くの経営者やマネジャーは、自分の反応行動に気づいていないか、あるいはそれを正当化してしまっています。その結果、心理的安全性が低い組織が放置され続けてしまうのです。

　つまり、心理的安全性が低いという問題は、誰かが問題意識を持っても、なかなか手がつけられない適応課題なのです。たとえ組織診断を受けても、経営者が犯人探しをするだけで、真の解決には至らないことが多いです。

■課題が発生する真因■

> 経営者やマネジャー自らが、心理的安全性を損ねていることに気づいていないから。

　心理的安全性を意図的に損ねたいと思っているマネジャーはいないものの、心理的安全性が損なわれているとしたら、それは以下のようなマネジャーの何気ない反応行動から起こりえるものです。

・本当はみんなの意見を尊重したいけど、ついつい結論を述べてしまう。
・本当はゆったり構えたいけど、ついつい忙しいオーラを出してしまう。
・本当はさまざまなアイデアを聞きたいけど、ついつい自分の意見をとおしてしまう。
・本当は失敗を許容する度量を見せたいけど、ついついリスクのことばかりを口走ってしまう。
・本当は完璧でない自分を部下に見せたいけど、ついついスマートなマネジャーを演じてしまう。

　このような状況では、職場の心理的安全性は損なわれます。また、部下

は上司との関係を悪化させたくないため、自分の本当の気持ちや意見を隠すようになります。マネジャーと部下の双方が、相手を傷つけたくないという気持ちから、適切な距離を保とうとします。経営者、マネジャー、そして社員の皆さんは、会社のために働いている一方で、実際は自分自身を守ることにも必死になっているのです。

　この問題を解決するためには、経営者、マネジャー、社員全員が被害者であり加害者でもあるという認識を持つことが必要です。

■研修で伝えていること■

　私たちは、マネジャーと部下のコミュニケーションが円滑になるためには、相互の心理的安全性が大切であると伝えています。そして、マネジャーの皆さん自身が心理的安全性を確保できなければ、部下に心理的安全性を提供することはできないとも伝えています。心理的安全性が低い職場では、マネジャー自身がプレッシャーをかけられていたり、本意ではないことを指示されていたりすることが多いからです。

　研修では、「皆さんの心理的安全性を高めるために、経営者や上司に依頼したいことはありますか？」という問いかけをしています。すると、以下のような声があがります。

・話を最後まで聞いてから意見を言ってほしい。
・話している途中で質問はやめてほしい。最後まで聞いてほしい。
・上から目線ではなく、同じ目線で話してほしい。
・難しい顔をして、腕組みしないでほしい。否定しないでほしい。
・論点がずれているかもしれないけど、怒らずに最後まで聞いてほしい。
・感情的な意見を言ってほしくない。声を荒げないでほしい。
・失敗してはいけないというプレッシャーを少なくしてほしい。
・笑顔がほしい。

出てくる意見の多くは、「最後まで話を聞いてほしい」「否定せずに聞いてほしい」です。つまり人間は、「話を聞いてほしい」「自分を認めてほしい」動物であると解説しています。人の内面の奥底には、孤独感・劣等感があるため、話を聞いてもらうことで孤独感を癒し、自分を認めてもらうことで劣等感を癒したいのかもしれません。

　では、なぜ人は他者の話をきちんと聴けないのでしょうか。それは、自分の話を聞いてほしいという気持ちが強すぎるからです（図表8-1-1参照）。

【図表8-1-1　なぜ人の話が聴けないのか】

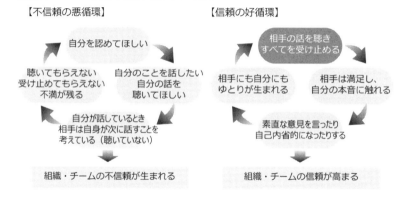

　人は、「自分を認めてほしい」という気持ちから、つい自分の話をしたくなります。すると、相手が話をしているときに、自分の話したい内容を考えてしまいます。その結果、お互いに「話を聴いてもらえていない」と感じる体験が残ります。「自分を認めてほしい」という思いはさらに強くなり、より一層相手の話を聞かないという悪循環が起こります。

　この悪循環を断ち切るためには、自分の話をしたいという欲求を一旦置いて、まずは相手の話を真摯に聴き、受け止めることが必要です。組織・チームの心理的安全性の向上のためには、何よりも先に「聴く」ことに取り組むべきなのです。

■内省型リーダーシップを発揮するための実践ガイド■

> 心理的安全性を高めるために、まず部下の話をただ「聴く」。

　詳細は第5章で既にお伝えしたため、ここではシンプルに「聴いてください」に留めます。手を止め、部下の話をじっくり聴くだけで、心理的安全性は高まります。

　「聴く」ことを阻害しているのは、あなたの本意ではない反応行動です。反応行動に気づいて、保留して、部下の話をとことん聴いてみるトライをしてみてください。

8−2　心理的安全性を高める雑談

■現場が抱える課題■

　最近、事業継承のサポートを行っており、現社長1名と次期社長の2名、そして私を加えた4名で、毎週1時間のミーティングを実施しています。ミーティングは特定の議題を設けずに、チェックインから始めて、「今日は何のテーマで話をしましょうか？」と切り出します。営業戦略や組織改編といったテーマでも話しますが、8割以上は人間関係に関する話になります。例えば、「AさんとBさんの関係が悪い」、「Cマネジャーの下でDさんが悩んでいる」といった話題です。

　組織を運営する中で、人間関係の問題を避けては通れません。役員間の連携が不足していて部下が調整に追われる、マネジャーとのコミュニケーションが不十分で部下が会社を退職する、人間関係のトラブルによってメンタルに関する問題を抱えるなど、さまざまな課題が浮上します。

　では、人間関係が悪化する原因は何でしょうか？私は、その原因も自己正当化や自我にあると考えています。2人の間でトラブルが生じた際、どちらも「自分は正しく、相手が間違っている」という思考に陥りがちで

す。こうした思考が繰り返されるうちに「相手はこういう性格だ。だから
ダメだ」という固定観念が形成されるのではないかと思います。

　この思考の過程は「推論のはしご」という概念で表現されます。「推論
のはしご」とは、ビジネス理論家のクリス・アージリスが1970年に初め
て提唱した概念で、人々が世界についてどのように推測し、そこからどの
ように行動を選択するかを説明したものです（図表8-2-1参照）。

【図表8-2-1　推論のはしご】

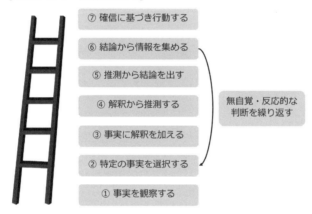

⑦ 確信に基づき行動する

⑥ 結論から情報を集める

⑤ 推測から結論を出す

④ 解釈から推測する　　無自覚・反応的な判断を繰り返す

③ 事実に解釈を加える

② 特定の事実を選択する

① 事実を観察する

　「推論のはしご」について、詳細な解説は省きますが、図表8-2-1の
⑤に当てはまる「相手はこういう性格だ。だからダメだ」という結論を基
に、相手の性格の欠点に関する情報を収集し始め、徐々にその結論が確信
へと変わっていきます。このループは、無自覚かつ反応的に繰り返してし
まうため、本人だけの力で抜け出すことは非常に難しいです。

■課題が発生する真因■

> 人間関係が悪化するのは、仲が悪くなり始めると、相手の悪い点ばかりが目につくから。

　職場に仲が悪い２人のメンバーがいる場合、当事者同士のコミュニケーションが円滑に進まず、周囲に気苦労や手間がかかることがあります。

　しかし、当事者２人の関係に対して、周囲からは口を挟みにくいものです。お互いの価値観を理解し、相手の個性を受け入れることが基本的な対応策ではありますが、もう少し具体的な解決策がほしいところです。ここでは、心理的安全性の軸で人間関係を改善する方法について解説していきます。

　ティモシー R. クラークという、リーダーシップのコンサルティングと研修をグローバルに提供する企業の創業者兼CEOの書籍『４段階で実現する心理的安全性』では、「尊重」と「許可」を多く与えれば与えるほど、メンバーはより強く心理的安全性を感じ、それに反映した行動をとるようになると書かれています。

　また、心理的安全性は、インクルージョン安全性→学習者安全性→貢献者安全性→挑戦者安全性の順で向上していくといわれています（図表8-2-2参照）。そのため、突然メンバーに挑戦を求めても効果は期待できません。

　図表8-2-2の下部の表は弊社で加筆したものです。インクルージョン安全性向上のためには、意図した雑談が必要だと考えています。インクルージョンとは、組織が職場メンバーを受け入れており、それぞれの個性や力量、考え方・価値観が認められて、その力を活かす準備が整っている状態を指しています。相手との勝ち負けがつく競争的な議論とは異なり、誰も傷つくことのない安全な雑談をとおして相手を理解し、その理解が進むことで相手への見方を変えることができます。

【図表8-2-2　心理的安全性を高めるステップ】

	インクルージョン安全性の向上	学習者安全性の向上	貢献者安全性の向上	挑戦者安全性の向上
概要	接点を増やし相手を深く知れば、共感性が増して協力し合える	傾聴によって、無知・無能と思われる恐れを乗り越え、質問し合える	躊躇なく思ったことを発言・行動しても、受け止め合える	対話をとおして、アイデアの創造や、行動の挑戦を賞賛し合える
ゴール	雑談をとおして相手の見方が変わる	お互いに質問・相談が増え、連携が図れる	お互いに成果や実行を賞賛し合える、しっかり指摘し合える	お互いのアイデアを出し合い挑戦する

■研修で伝えていること■

　相手のことが嫌いになると、その嫌いという感情が体にも影響します。相手に近づきたくない、触れたくないと感じ、生理的にも抵抗感を示すようになります。そのため、悪化した人間関係の改善は、体の反応の緩和から始まり、感情の変化、そして思考の変化という順番で進めていく必要があると考えています。

　第2章で解説しましたが、研修の冒頭にグループでチェックインを実施し、少し長めに時間を取って自然な雑談の時間を設けます。その後、チェックイン（雑談）前とチェックイン（雑談）後にどのような変化を感じたか振り返ります。すると、以下のような発言が出ます。

【体の変化】
　（緊張していましたが、）リラックスできました。
【感情の変化】
　（相手と少し距離を感じていましたが、）親近感が湧きました。

【姿勢の変化】
　研修の目的が整理されて、研修に対するモチベーションが高まりました。

　おおむねどの会社でもこれら３つの変化の軸が見られます。私たちはそれらを体の変化、感情の変化、姿勢の変化というカテゴリーに分類しています。
　ここでは、体の変化に焦点を当てて考えます。なぜ研修の冒頭は緊張するのでしょうか？それは、「講師に指名されても発言できないのではないか」「グループで変な発言をして周囲からの評価が下がるのではないか」という恐れや妄想があるからだと考えています。相手が自分を攻撃するのではないかと妄想して、相手からの攻撃に備えて戦闘態勢に入っているのだと思います。雑談をとおして、相手に戦意がないことを確かめられると、安心して、攻撃態勢を解除することができます。これをリラックスというのでしょう。雑談には、相手に戦意がないことを体で理解させる機能があるのだと思います。

　心理的安全性研修では、「意図した雑談」を紹介しています。「意図した雑談」とは、職場の一体感を高めたり、お互いの共感度を上げたりするというねらいを持った雑談のことをいいます。知らない人と接するとき、相手への理解不足から、人は警戒心を持ち、自分の価値観・尺度で相手を評価・判断しがちです。相手を知る・接点を増やすことで、お互いの共感度や職場の一体感が増し、心理的安全性が高まります。
　事前に、図表８-２-３のような自己紹介シートを作成し、それに基づいて自己紹介を行い、周囲から見える強みや価値観のフィードバックを受け取ります。

【図表8-2-3　自己紹介シートの紹介】

	お名前 （ふりがな）	島森 俊央（しまもり としひさ）	趣味や最近 ハマっていること	夏は山や自然、島が好き。 冬はスキー。陶芸や茶道	
	出身地 住んだことが ある場所	生まれは、沼津市。その後、小樽→ （埼玉県）日進→美濃太田→御殿場 →練馬→千葉→名古屋→東京	特技や 自慢できること	場の情報を一瞬で収集できる・ 複雑に絡まった問題の真因がわかる	
お仕事の内容 得意な仕事	グローセンパートナーの代表を務めながら、研修のコンテンツ開発・研修講師などをしています。最近は、成人発達理論に興味を持って理論の実践をしています。研修のワークを作ることや、気づきを促すコメントをすることが得意です。				
好きなこと テンションがあがること	破壊と創造・思ったことを実現させること・ 既存の慣習などを壊すこと		嫌いなこと テンションがさがること	ぐるぐるして前に進まないこと・ 自分が重たく感じること	
言ってほしいこと	島森さんはすごいですね〜 特別な存在ですよね〜		言ってほしくないこと	すごいですね〜特別な存在ですよね〜 （言ってほしいが言われたくないw）	

　以下は、弊社で主催している公募型のマネジメント研修の1回目で、初対面のメンバーと自己紹介ワークを行った際の受講者の感想です。

・本音で話すと、思ったより簡単に親近感が湧くものだと感じました。
・雑談で人となりが理解でき、安心しました。
・自分のことや、自分の良いところを理解してもらえると気持ちがよかったです。
・良いところをみつけるのは楽しい。楽しく話すと、あっという間に時間が過ぎました。
・価値観を話すと共感ポイントが出てきて、自然と一体感を感じました。
・何気ない雑談から、次の話題につながることがわかりました。
・知らない方に自分のことを紹介するのはとても苦手ですが、それがコミュニケーションの第一歩だと感じました。

　感想の多くに「親近感が湧く」「安心」「気持ちが良い」「楽しい」「一体感」など感情に関するキーワードが出ました。雑談はシンプルでありながら、心理的安全性を高めること、相手との距離を縮めること、チームビルディングにとても有効な手段なのです。

■受講者の声■

研修では、「職場で自己紹介ワークを実施してください。その後、部下に感想を聞いてみてください」という事後課題を出しています。以下は、実施したマネジャーと部下の声です。

【マネジャーの気づき・感想】
・いつもより意見が出やすくなり、打合せスタート時の緊張感が無くなっていったと感じました。
・雑談することで少し距離が縮まり、コミュニケーションが取りやすい雰囲気になっていると感じました。
・共感できる点が知れて、コミュニケーションをとる幅が広がったと感じました。
・自分では意識していない壁がありましたが、その壁が少し薄くなっているような感じがしました。
・自分が話しているときには、自分の顔をみて話を聴いてくれていると感じるようになりました。

【部下の気づき・感想】
・はじめは緊張しましたが、終わってみるとおもしろかったです。
・もっと話したいと思いました。
・自分のことを知ってもらえたのが嬉しかったです。
・普段仕事の話しかしていませんでしたが、同じ趣味で親近感が湧きました。
・話しやすくなり、些細なことでも相談しやすくなりました。

部下の気づき・感想からも明らかなように、意図した雑談を通じて、相談しやすくなったり、疑問を気軽に聞けたりする環境が整備されていきます。これは、図表8-2-2に示されている学習者安全性の向上を指します。

インクルージョン安全性が高まると、部下が「忙しそう」「相談しにくい」と感じることが少なくなり、わからないことを気軽に相談したり、質問したりできるようになり、自然と学習者安全性の向上につながります。

■内省型リーダーシップを発揮するための実践ガイド■

> **職場で意図した雑談の場を設ける。**

意図した雑談の場は、以下のような工夫でつくることができます。

・朝礼で1人1分の自己紹介を行い、お互いに質問し合う。
・月に1回、1時間の雑談をする場を設ける。
・自己紹介シートを作成し、オフィスに掲示する。
・水曜日は、いつもと違う人とランチをする。
・定期的に懇親会を開き、その際に自己紹介の時間を設ける。

　この節では、メンバー2人の仲が悪いという問題において、その対象者だけをターゲットにするのではなく、職場全体で雑談の場を増やし、相手を理解する場をつくることを紹介しました。仕事の話はどうしても損得が入りがちなため、まずはプライベートの話から入り、安全な職場であると体で感じることが重要です。そうすると次第に感情がポジティブに動き始め、ポジティブな発言・行動が表出しやすくなります。お互いに嫌いという体の反応が和らぎ、感情が変化して、コミュニケーションも回復していきます。

8－3　心理的安全性を高めるグループリフレクション

■現場が抱える課題■

　組織の中でよく挙げられる問題のひとつは、組織間の連携が悪いということです。機能別組織間では、役割の違いから衝突が起きやすく、店舗や工場などでは、必要な情報が十分に交換されず、それぞれが孤立してしまうことがよくあります。

　組織間の連携により、問題が解決したり、有効な情報交換が促進されたりします。また、お互いの立場を理解することで、マネジャーの視点・視座が高まるメリットがあります。お互いの悩みを共有したり、質問に受け答えしたり、励まし合うことも大切です。しかし、このように連携するメリットは明らかであるにもかかわらず、実際には十分に連携が取れていないのが現状です。

■課題が発生する真因■

> お互いに気まずい・声をかけにくいという壁が存在するから。

　過去の対立や価値観の不一致など、特定の原因がある場合も存在しますが、「何となく」や、「慣習的に」という理由が多く聞かれます。

　この節では、具体的な事例として、ある企業を紹介します。この企業は工場のM&Aを繰り返し、会社規模は大きくなっているものの、工場間の連携が不十分という課題を抱えていました。工場長に対しては「工場長の役割を定義して、理解してほしい」「工場長同士の連携を高めてほしい」「学びたいという意識を醸成させたい」という要望がありました。

　研修を通じて「工場長の役割定義」の作成・かみ砕き・セルフチェックを行い、「工場のありたい姿」を描きました。その後、グルリという共有手法を使って、上記の問題解決を進めました。

267

■研修で伝えていること■

　まずは、グルリについて紹介します。グルリは、通常上司１名と部下１名で行われる１on１を、４on１（部下４名と上司１名）の形式に変更したものです。１on１ではお互いに緊張しやすい状況になりがちですが、４on１の形式を取ることで、気軽に安心感を持って、そして効率的に以下の目的を達成することができます。

> 【成果創出の視点】
>
> 　ありたい姿に向けてPDCAサイクルを定着する。
>
> 【組織風土の視点】
>
> 　心理的安全性を高め、メンバー同士の連携を強化する。
>
> 【人材育成の視点】
>
> 　経験学習モデルを回し、内省力・言語化力を向上する。

　図表８-３-１にあるように、グルリの時間は１時間と設定しています。オンラインでも実施可能で、弊社では、２週間に１度の進捗管理を行うために、月２回、合計６回（３ヵ月間）でグルリを組織に定着させる方針を取っています。

【図表8-3-1　グルリの紹介】

4 on 1 ミーティング

メンバー4名とファシリテーター1名のグループで実施します。

ミーティングの時間は1時間

グルリは、チェックイン10分、グルリ40分、チェックアウト10分の構成で進めます。

オンラインで実施

いつでもどこでも参加できるように、オンライン(Zoom)で実施します。

3ヶ月計6回のミーティング

3か月後のありたい姿を設定し、2週間に1度、計6回のミーティングを実施します。

3ヶ月後、全員がファシリテーターに

3か月後に全員がファシリテーターができるように、スキルを身につけます。

【成果創出の視点】

　ありたい姿に向けてPDCAサイクルを定着するについては、図表8-3-2のようなシートを利用しています。各企業でカスタマイズして使用しており、Planを事前に記入し、2週間後にDo・Check・Actionを記入してメンバーで一緒に進捗を共有します。

【組織風土の視点】

　心理的安全性を高め、メンバー同士の連携を強化するについては、Checkの欄に「相談事項・困っていること」を記入する欄を設け、相談や質問の場を提供します。

【人材育成の視点】

　経験学習モデルを回し、内省力・言語化力を向上するについては、Checkの欄に「気づき」を記入する欄を設け、気づきの言語化を促しています。

　また、グルリ参加後、職場にも展開していくために、グルリに参加した

全員が３か月後のグルリ終了時にファシリテートができるようにファシリテーター養成も同時に進めていることが特徴です。

【図表8-3-2　グルリシートの紹介】

　図表8-3-3に進め方の詳細を示しています。各参加者のグルリの時間は、発表５分、フィードバック４分、本人からのコメント１分で時間管理をしています。

【図表8-3-3　グルリの進め方】
【全体の時間：1回1時間】

時間	項目	内容
事前	シートの記入	事前にスプレットシートに記入する
00:00〜00:10	チェックイン	参加メンバー全員でチェックインをする
00:10〜00:50	グルリ	一人あたり10分間のグルリをする
00:50〜01:00	チェックアウト 連絡事項	参加メンバー全員でチェックアウトをする 次回に向けて連絡事項を共有する

【一人あたりの時間：10分】

時間	項目	内容
00:00〜00:05	グルリシートの発表	事前に書いたグルリシートを共有
00:05〜00:09	フィードバック	メンバー→ファシリテーターの順番で、フィードバック
00:09〜00:10	本人からのコメント	フィードバックを受けて、本人からのコメント

　心理的安全性を高めるために重要なのは、基本的にネガティブなフィードバックはしないことです。信頼関係が構築できれば、指摘のようなフィードバックも許可しています。
　実際には、以下のような問題が発生することがあるため、ファシリテーターは心理的安全性を担保しながら、場の進行を行います。

【グルリで起きがちな問題事象】
・シートの記入が少なく、気づきが浅い。
・PDCAサイクルが回っていない記載がある。
・5分以内に発表できない。
・相手のためのフィードバックができない。自分のことばかり話する。
・ファシリテーターが場をコントロールしようとする。

　グルリでは基本的に「自ら気づいて修正すること」を優先しているた

271

め、きめ細かい指導や、枠にはめることはそれほどしていません。第7章2節で書いた「できていることに焦点を当てた指導方法」は、グルリを通じて体験したことを概念化してお伝えしました。

■受講者の声■

　グルリをスタートして3ヶ月後の受講者の声です。

・グルリを通じて2週間ごとのPDCAサイクルを回すことで、経営計画の実行スピードが増しました。
・グルリがPDCAサイクルを引っ張ってくれています（自然に進むイメージ）。
・2週間ごとの進捗管理を行うことで、次の行動が明確になり、気持ちが穏やかになりました。
・工場長間の連携・連絡・会話が増え、相談できる仲間が増えました。
・自分の考えを表現し、他のメンバーからのフィードバックが参考になります。
・自分の意見を躊躇なく表現できるようになり、言いにくいことが減りました。
・自分がやりたいことや考えを言葉にすることで、思考が整理できます。
・シートの記入時間が、1週間で一番落ち着く時間です。
・否定的な言葉を発信しないため、議論・討論がなく相談しやすいです。
・お互いの近況を理解し、受け止めてもらうことで、気持ち的に楽になりました。
・自分の想いを、工場メンバーに伝えられるようになりました。
・自分自身も、工場メンバーに対して、否定的な言葉を使わなくなってきました。

・（経営者の視点で）経営会議の場で、工場長がよく発言するように
　なりました。

「成果創出の視点」「組織風土の視点」「人材育成の視点」において効果
が感じられることがわかると思います。特に、お互いに相談できるように
なると「楽になる」という意見が多く出ます。孤軍奮闘の状態から脱皮で
きるのです。また、自分の考えが整理できる、メンバーへの情報発信力が
向上するなどの効果もあります。わかりやすく表現すると、「話す」こと
で成長が加速するのです。

　最後に、グルリは型が決まっているため、ファシリテーターの内面が場
に現れやすいです。そのため、ファシリテーターの内面を整えることが大
切です。本書籍では簡単な紹介にとどめていますが、グルリはかなり奥が
深いため、詳細を知りたい方は、弊社主催のセミナーへの参加や、HPな
どからお気軽にお問い合わせください。

■内省型リーダーシップを発揮するための実践ガイド■

> 部下に話をさせる。

　グルリにはマニュアルが完備されており、ファシリテーターとしての発
言は「では、次の方、発表をお願いします」のように、あらかじめ決めら
れています。その他の時間は、一参加者として感想・気づきを述べるのみ
となっています。この進め方は、ファシリテーターの発言を制限し、上下
関係をフラットに保つようにデザインされています。
　その結果、自然と心理的安全性が向上し、メンバーが自由に発言できる
環境が生まれます。グルリを導入することで、会議での発言量が増加した
り、組織間のコミュニケーションが活発になったり、若手の優れた人材が

目立ち始めたりといった効果が表れています。私は、各個人の成長の可能性は、経営者やマネジャーによって制限されているだけだと考えています。その制限を取り除くことで、人は大きな成長を遂げられるのです。

　事例で紹介した会社は、グルリを導入した６ヶ月後に研修で工場長が集まり、最後に一人一言発表をしました。すると、工場長たちのプレゼンテーションレベルが格段に上がっており、発表内容がわかりやすくなっていることに社長が驚いていました。プレゼンテーションやロジカルシンキングの研修をついついやりがちですが、グルリシートの書き方でロジカルシンキングを学び、グルリの発表の場でプレゼンテーション力を養うことができると感じました。概念で学ぶ研修より、実務で学ぶグルリの方が、スキル習得度の効果が高いと感じています。

8-4　心理的安全性に込める想い

　これまでのマネジメント論は、経営者やマネジャーが「正しい」という前提のもと、従業員やメンバーをどのようにコントロールし、変革させるかに焦点を当てて説明されてきたと感じています。これは経営者やマネジャーの視点での管理や、企業の都合に基づいた人材育成の方法だったのではないかと思います。「親は無くとも子は育つ」といわれるように、経営者やマネジャーが過度に介入しなければ、従業員やメンバーは自然に成長すると考えています。

　経営者やマネジャー中心の管理から脱却することは、従業員やメンバーに自ら考えて行動する機会を提供することです。これまで「会社の成長」「顧客のため」「計画の達成」といった名目で、従業員やメンバーに制約をかけてきたのではないでしょうか？その結果、彼らは主体性や挑戦心を失いつつあったと思います。

　現代ではダイバーシティやインクルージョンが重視されていますが、私

は個人の裁量を最大限に尊重することが、業績向上に最も貢献すると信じています。自然界の森のように、誰も管理しなくとも、相互協力を基に健やかに成長していくのです。経営者やマネジャーは、従業員やメンバーを信じて自由に行動させるべきだと考えています。時には、何も手を加えないことこそが彼らの成長につながると思います。

その実践方法として、部下の話を真摯に聞くことや、メンバーが自由に発言できる環境を整えることをお伝えしました。それを実践することで、結果的にあなた自身も楽になるでしょう。

この実践には、自分を変える勇気が必要です。最初はハードルが高いと感じるかもしれませんが、実際に取り組むと、思っていたよりも難しくないことに気づくはずです。そして、自分自身も役割の束縛から解き放たれ、もっと自由に生きることができるようになるでしょう。

私自身、多くのマネジメントやコミュニケーション手法を学んで実践してきましたが、自分自身を変えることが最も効果的であったと感じています。

さあ、皆さんも自分を変え、他者も変える、両刀使いのリーダーシップを実践してみましょう。

コラム

あなたもサイキック能力を持っているかも!?

サイキック能力は、一般的には特殊な能力と考えられています。これは、予知やテレパシーのような精神的な能力を指すことが多いからです。しかし、私は、サイキック能力は誰でも持っているもので、それに気づいていないだけ、または無意識のうちに使っているのではないかと感じています。

私はサイキック能力に興味があり、多くの人に「あなたのサイキック能力はなんですか?」と尋ねてきました。「人の骨が透視できる整体師」「グループの盛り上がり度合いを矢印で感じることができる研修講師」「成仏できない魂の性別や年齢を感じ取れる僧侶」「その人の将来の活躍度がわかる採用担当」など、さまざまな回答をもらいつつ、話に聞くようなすごいサイキック能力は自分にはないと思っていました。

しかしあるとき、自分は情報の一部だけを聞いて全体を直感的に理解できることに気づきました。そして、これがサイキック能力の一つかもしれないと考えるようになりました。コンサルティングの現場や研修で、会社のビジネスの流れや経営課題が直感的にわかるのも、この能力のおかげなのかもしれません。

自分の持つ能力がサイキック能力かどうかはともかく、そう受け取ることで自分の中に大きな変化が生まれました。以前は理解力が低いと感じる部下に対して、疑問や怒りを感じていましたが、自分の持っている理解力がサイキック能力であるとしたら、同じ能力を他者に求めるのは酷だと気づきました。

役員やマネジャーの皆さんも、何かしら他の人が持ち得ない特異な能力があって、その役職に就いているのではないでしょうか?しかし、自分の特有の能力が一般的であるという誤った認識の場合、部下や他のメンバーに対する期待値を高く設定してしまい、お互いがお互いに不満を持ってしまいます。

自分の特異な能力をサイキック能力と捉えて見つめなおしてみると、周りをより寛容な目で見ることができるかもしれません。皆さんも、自分のサイキック能力を探して、新たな発見をしてみてください。

あとがき

　第1章から第8章にわたり、私が体験したり概念化したりしたことをさまざまな観点から言葉にしてきました。しかし、書き終えてみると、まだ表現しきれていないと感じています。時代の半歩先を書こうとしたものの、書き進めるうちに、私の体験もさらに先へと進み、新たに表現したいことがたくさん出てきています。

　私が独自の経営論を語ることができるのは、社会人としてのスタートを出光興産という会社で切ったことに由来していると思います。当時、出光興産には以下のような特徴がありました。

・出退勤の管理がなく、労働時間という概念もありませんでした（タイムカード、残業、有給休暇の概念もありませんでした）。
・一人ひとりが経営者という理念があり、権限という概念もありませんでした（全員が意思決定者であるため、稟議書もありませんでした）。
・フラットな組織風土で、今でいう「心理的安全性」が確保されていました（新入社員時代、隣の課長に「あなたの考え方は間違っている」と指摘したところ、課長は「島森の言うとおりだ」と受け入れてくれました）。
・給与は生活給であり、個人の成果は機会という形で報われるという考え方でした（一応評価制度はありましたが、評価のフィードバックを受けたことはありませんでした）。

　このような環境の中で、私は特に違和感もなく一生懸命働き、学び、体験を重ねることができました。経営理念に基づいた各施策が的確で整合性が取れており、社員一人ひとりの尊厳が確保されていたと感じています。

私が創業したグローセンパートナーという会社は、「1000年成長できる会社」、「1000年先を見据える会社」という思いを込めて命名しました。この組織は、私にとって「遊び場」「実験台」のようなものです。経営の本質を見極め、近代マネジメントで表現されてきたものが実は虚構かもしれないと考え、手放すべきことをどんどん手放してきました（社員の皆さんには少々迷惑かもしれませんが）。

　現在、グローセンパートナーという組織は以下のように運営されています。

・コロナ前から完全リモートを実施し、出退勤の申請は個人に任せています。
・誰からの指示もなく、自律的に課題解決が進行します。
・対話の場を重ねることで、心理的安全性も確保されていると考えています。
・方針や計画などの経営システムは手放しました（本当に経営が楽になります）。
・評価は、創業当時から行っていません（評価制度を作る会社であるにも関わらず）。
・雇用と報酬の保障は行わないと宣言しました（これは経営者としての負担が軽減されました）。
・（法人も自然に死ぬのだなと思い）ゴーイングコンサーンも手放しました。

　手放すことで、経営がシンプルかつ楽になっていきます。

　現在の会社経営において、社員を苦しめている原因は、近代のマネジメントシステムにあるのではないかと考えています。私は以下のような疑問を抱いています。

　・会議をすると議論は集約されるのか？
　・計画を策定すると業績は向上するのか？

・評価制度があると社員はやる気になるのか？

　・コンプライアンスを徹底すると違反は減少するのか？

　・顧客第一主義が、社員を苦しめているのではないか？

　これらのマネジメントシステムからの解放を目指す構想や妄想を練っています。

　そのような構想や妄想に賛同する会社が増え、研修やコンサルティングを実施する中で、体験や事例が集まったら、新しい書籍を書きたいという想いを込めて、この文章を締めくくりたいと思います。

　また、今回私のわがままで書籍の表紙の絵を描かせていただきました。

　加藤洋平氏からインテグラルコーチングを受けていたときに、芸術活動をスタートしてくださいとアドバイスを受け、書道、陶芸、描画など今も楽しんでおります。加藤さんの指導は、「誰かに学ばずに自分の中にあるものを表現することを楽しんでください」でした。当時はその意味がわかりませんでしたが、今は自分の内なるものを表現する練習、本来の自分を取り戻すための示唆だったと推察しています。

　表紙の絵は、芸術家の藤田麻衣さんから「日本画はどう？そして、直感で描いて！」とアドバイスを受けてスタートしました。直感で描いているため絵の解説はありませんが、この本が広がって皆さんのお手元に届くことをイメージして描きました。

　最後になりますが、公益財団法人日本生産性本部　生産性労働情報センター編集長・下村暢氏には、企画段階から全体の構成など相談に乗っていただき、出版までたどり着くことができました。いつも温かく見守ってくださり、自由にさせていただき、本当に感謝しております。

　また、書籍の執筆を並走してくれた菊地大翼さん、草稿時・校正時のアドバイスをいただいた小副川楓さん、岩間美幸さんご協力ありがとうございました。

書籍で紹介したシート類は、弊社HPからダウンロードできるようにしています。活用されたい方は無償でダウンロードができますので、一度以下からHPをご覧ください。「グローセンパートナー　ダウンロード」で検索も可能です。

https://www.growthen.co.jp/download/

2024年6月

株式会社グローセンパートナー
代表取締役　島森　俊央

参 考 文 献

リチャード・P・ルメルト（著）、村井章子（翻訳）『**良い戦略、悪い戦略**』日本経済新聞出版　2012年

マーカス バッキンガム（著）、加賀山 卓朗（翻訳）『**最高のリーダー、マネジャーがいつも考えているたったひとつのこと**』日本経済新聞出版　2006年

フレデリック・ラルー（著）、鈴木 立哉（翻訳）、嘉村 賢州（解説）『**ティール組織 ── マネジメントの常識を覆す次世代型組織の出現**』英治出版　2018年

Susanne Cook-Greuter『**Ego Development: Nine Levels of Increasing Embrace**』2005年

ケン・ウィルバー（著）、加藤 洋平（監訳）、門林 奨（翻訳）『**インテグラル理論**』日本能率協会マネジメントセンター　2019年

加藤 洋平『**組織も人も変わることができる！なぜ部下とうまくいかないのか「自他変革」の発達心理学**』日本能率協会マネジメントセンター　2016年

加藤 洋平『**成人発達理論による能力の成長 ダイナミックスキル理論の実践的活用法**』日本能率協会マネジメントセンター　2017年

有冬 典子（著）、加藤 洋平（監修・解説）『**リーダーシップに出会う瞬間　成人発達理論による自己成長のプロセス**』日本能率協会マネジメントセンター　2019年

鈴木 規夫、青木 聡、甲田 烈、久保 隆司『**インテグラル理論入門I ウィルバーの意識論**』春秋社　2010年

由佐 美加子、天外 伺朗『**ザ・メンタルモデル　痛みの分離から統合へ向かう人の進化のテクノロジー**』内外出版社　2019年

吉原 史郎『**実務でつかむ！ティール組織 "成果も人も大切にする" 次世代型組織へのアプローチ**』大和出版　2018年

ロバート・キーガン（著）、リサ・ラスコウ・レイヒー（著）、池村 千秋（翻訳）『**なぜ人と組織は変われないのか　ハーバード流 自己変革の理論と実践**』英治出版　2013年

マーシャル・B・ローゼンバーグ（著）、安納 献（監訳）、小川 敏子（翻訳）『**NVC　人と人との関係にいのちを吹き込む法**』日本経済新聞出版　2018年

久保 淳志『**人事考課をベースとした育成面接の実際**』中央経済社　2009年

瀬川 文子『**職場に活かすベストコミュニケーション ゴードン・メソッドが仕事を変える**』日本規格協会　2014年

マイケル・マンキンス（著）、エリック・ガートン（著）、石川順也（監修）、西脇文彦（監修）、堀之内順至（監修）、斎藤栄一郎（翻訳）『**TIME TALENT ENERGY―組織の生産性を最大化するマネジメント**』プレジデント社　2017年

細谷幸裕 "研修の理解力を深めるテストフォーミュレーション（1）"、『**企業と人材**』産労総合研究所　2022年

ジェームス・W・ヤング（著）、今井 茂雄（翻訳）、竹内 均（解説）**『アイデアのつくり方』**CCCメディアハウス　1988年

ティモシー・R・クラーク（著）、長谷川 圭（翻訳）**『4段階で実現する心理的安全性』**日経BP　2023年

島森俊央**『今の評価制度に疑問を感じたら読む本 組織の成熟度を上げるための新しい評価とは』**日本生産性本部 労働情報センター　2020年

筆者紹介

島森　俊央 （しまもり　としひさ）
株式会社グローセンパートナー
代表取締役

上智大学理工学部卒
「大家族主義」「一人ひとりが経営者」などの経営理念を貫く出光興産株式会社に入社。10年間で多くの職種を経験する。
　その後、独立系コンサルティング会社にて、戦略立案から営業の現場支援なども行い、クライアントの業績を上げることができる人事コンサルタントとして活躍。上場企業のV字回復も実現。2007年取締役に就任。

　2008年 株式会社グローセンパートナーを設立。
　一部上場企業から中堅・中小企業、ベンチャー企業に至るまで、人事制度の導入や役員/管理職クラスの教育研修を通して、クライアントの業績向上と社員活性化の実績を多く残している。
　鈴木規夫氏、加藤洋平氏から直接、成人発達理論を学ぶとともに、自己変容の体験を進めており、既存のビジネスから一歩異なる視点でアドバイスできることが特徴である。

【新解釈】マネジメントの本

自分が変わると周囲が変わる「内省型リーダーシップ」

2024年6月28日　初版1刷　　　　　　　　　ISBN978-4-88372-612-7
定価　2,200円（本体価格2,000円＋税10%）

著　者　島森　俊央

発　行　公益財団法人 日本生産性本部
　　　　生産性労働情報センター

〒102-8643 東京都千代田区平河町2-13-12
Tel：03（3511）4007
Fax：03（3511）4073
https://www.jpc-net.jp/lic/

デザイン・印刷・製本：第一資料印刷㈱

＜生産性労働情報センター（グローセンパートナー）書籍ご案内＞

今さら聞けない人事制度の基礎４８話

株式会社グローセンパートナー　吉岡 利之 著

　人事制度は、とかく「地味で楽しくなく難しそう」と思われがちですが、社員の雇用や働き方にかかわる大切な分野です。本書はそんな人事制度に、読者が少しでも関心を高められるよう工夫されています。

　４８のテーマはそれぞれ、導入部分、基礎解説編、応用編に分け段階を追って書かれていることから、とっつきにくさを払しょくするとともに、用語としておさえたい言葉は太字に標記してあります。人事部門に初めて配属になった方、それ以外でも人事制度に関心のある方、そして関連部門にいながら“ちょっと自信がない”方向けにお薦めの一冊です。

　第１章　例）辞令に２級って書いてありますけど、これってなんですか？
　第２章　例）自社の報酬水準を知りたいのですが調べ方が分かりません
　第３章　例）能力や行動を評価するのって難しくないですか？
　第４章　例）転職した先輩が、退職金が少ないと言っています
　第５章　例）新聞でよく見かける、同一労働・同一賃金ってなんですか？

A4・188 頁　2017 年刊　ISBN978-4-88372-533-5　本体 1,500 円

ダイアローグ（対話）型人事制度のすすめ【改訂増補版】

株式会社グローセンパートナー　島森 俊央／吉岡 利之 著

　フラット化された組織やプレイングマネージャーの増加、リストラで疲弊した職場では対話の時間が減り、会社の向かう方向や戦略が伝わりにくくなるだけでなく、お互いの理解信頼関係が不足しています。本来、対話を通じて方向性が一致したときに組織は力を発揮し、互いに信頼が生まれ、組織の絆が深まります。

　そこで本書では、経営者と管理職、管理職と部下、部門間といったダイアローグ（対話）をベースとした「ダイアローグ型（対話）人事制度」を提唱します。

　改訂増補では、読者からの「企業組織の現場へのダイアローグの組み込み方を具体的に知りたい」等の声を受け、第２章の中に「戦略浸透会議／人材育成会議のほかのダイアローグの場の組み込み」を、また応用編として、本書の内容を活用し、人事制度を意義あるものにするための７つのポイントを加えました。

A5・217 頁　2017 年刊　ISBN978-4-88372-522-9　本体 2,000 円

気づきを促す対話型研修のススメ

株式会社グローセンパートナー　島森 俊央　著

　対話型研修の導入は、単なる知識やスキルの移転ではなく気づきと行動変容を促します。そして研修が社員を育成する場にすれば、研修からやらされ感をなくし、研修が楽しく活性化されたものになるでしょう。

　対話型研修の導入をきっかけに、受講者の満足度が上がり理解が深まります。ｅラーニングなどを用いた知識習得型の学びと、対話による自己内省をともなう対話型研修は全く違います。対話型研修では、お互いの考え方・捉え方を交換することで固定観念を壊したり、新しい知識やスキルの使い方を具体化できたりするからです。

　本書は、社内に対話型研修を導入したいと考えている教育担当者の方、社内講師、事業部の中での教育担当者、後継者育成をしようとしているといった方々向けの一冊です。

A5・155 頁 2018 年刊　ISBN978-4-88372-544-1 本体 1,500 円（在庫僅少：改訂中）

今の評価制度に疑問を感じたら読む本

株式会社グローセンパートナー　島森 俊央　著

　現在の評価制度は、組織の成熟度・真の多様性の理解・マネジャーの器の拡大制限をかけていて、組織の成熟度を上げるためにその制限を外し、評価制度のブラッシュアップをしてく必要があると著者は指摘します。評価という仕組みを社員から隠そうとするのではなく、評価方法や結果、報酬を決めるロジックをオープンにすることにより、社員の不満が減り、会社がよりオープンでクリーン、一人ひとりが働きやすい状態になるのです。

　本書では、組織や人事制度の成熟度に合わせて、どのような制度を導入していけば良いか事例を交えて書かれています。自社の実態やマネジャーの成熟度によって、最適な評価制度を設計するための一冊です。

Ⅰ部：概念・導入編
　1 章 評価制度のムダとりから　2 章 公平な評価は無理
　3 章 人事評価でモチベーションが上がるという幻想
　4 章 目標管理の限界　　　　　5 章 評価のブラックボックスは明確にする
　6 章 成人発達理論の評価制度への展開
Ⅱ部：事例編

A5・222 頁 2020 年刊　ISBN978-4-88372-570-0 本体 2,000 円

全国の大手書店・政府刊行物センター等にて好評発売中
ホームページ・ネットブックストアのページからもお求めいただけます
https://www.jpc-net.jp/lic/　https://bookstore.jpc-net.jp